電車とバスで行く

ぐんまの里山てくてく歩き

小暮　淳

上毛新聞社

車を捨て里山を歩こう！

きっかけは、とある日帰り温泉施設で見かけた中年夫婦の会話だった。

湯上がりの２人は、食堂の前で、言い争っていた。男性の手にはキーホルダーの付いたカギが握られている。

「ほれ！」と女性の前へ突き出した。

「えっ、私？」と、ムッとした表情をした。

「いいじゃん」と言い放ち、男性は食堂へ向かおうとした。

「ちょっと、ちょっと。この前も私だったのよ。たまには、あなたが我慢すればいいじゃない！」

この後、延々と口げんかが続いて、結局、２人は食堂へは入らずに、険悪なムードのまま施設を出て行ったのである。

いったい何をもめていたのかと言えば、「どちらが車の運転をするか？」だった。

湯上がりだもの、冷えたビールをキューっと一杯やりたかったのだろう。ご主人だって飲みたいが、奥さんだって同様だ。でも２人は、車で来ていた。日本中の入浴施設で見かけそうな光景だった。

子どもがまだ小さかった頃は、我が家も家族でよ

く山歩きに出かけた。下山すれば決まって温泉施設に立ち寄って、汗を流してから帰るのが恒例だった。僕も喉から手が出るほど飲みたかった湯上がりのビールを我慢した記憶がある。もちろん酒気帯び運転は御法度だから、暗黙のうちに家に帰るまでご褒美はお預けである。それでも、たまには妻に帰りの運転をお願いして、至福のひとときを手に入れたこともあった。

だから、言い争っていた中年夫婦のご主人の気持ちは、実に痛いほど分かるのである。すべては移動手段を車に頼っている群馬県民のライフスタイルが悪いのだ。そーだよ、車なんて家に置いて来ればいいんだよ。

ということで、我が家から徒歩と公共交通機関のみで山や川歩きを楽しみ、温泉に入り、酒を飲むウォーキングエッセーがあってもいいじゃないかと始まったのが、この里山シリーズである。

本書は、『ちいきしんぶん』（発行／ライフケア群栄）の２００６年12月から２０１０年８月に連載された「里山をゆく」と「ぶらり水紀行」に加筆・訂正し、新たに書き下ろしを付け加えたものである。

小暮　淳

もくじ

JR八高線周辺

上信電鉄周辺

高崎駅から路線バス

03 湯桧曽川
02 大峰沼
01 月夜野石尊山
04 吹割の滝
11 赤城山 覚満淵
14 荒神山
13 桐生観音山
12 茶臼山
15 庚申山
16 御嶽山
17 桜　山
18 三波石峡
新幹線
ＪＲ線
鉄道
自動車道路
主な有料道路
国道
平ヶ岳
2141
巻機山
1967
尾瀬沼
至仏山
2228
谷川岳
1978
武尊山
2158
白根山
2578
皇海山
2144
赤城山
1828
利根川
渡瀬川
水上
水上温泉
上牧温泉
風和の湯
月夜野温泉
三峰の湯
上毛高原
沼田
渋川
伊香保温泉
富士見温泉
見晴らしの湯
猿川温泉
すっぴん美人の湯
水沼
わたらせ渓谷鉄道
西桐生
赤城
桐生
中央前橋
みどり市温泉
かたくりの湯
前橋
しんとう温泉
高崎
高崎JCT
伊勢崎
北関東自動車道
太田桐生
地蔵の湯
JR両毛線
東武桐生線
東武佐野線
太田
西小泉
館林
東武日光線
東武小泉線
東武伊勢崎線
東北自動車道
藤岡JCT
上信電鉄
群馬藤岡
高崎観音山温泉
信越本線
安中
八高線
関越自動車道
上越新幹線
JR高崎線
鮎川温泉
金井の湯
桜山温泉
センター
牛伏ドリームセンター
神流川温泉
白寿の湯
291
401
120
145
353
50
17
354
407
122
254
462
299

05 古城台

06 摩耶の滝

07 嘔仙の滝

24 船尾滝

25 榛名湖への道

26 十丈の滝

09 石尊山

10 七ツ滝

08 観音山

19 上城山

23 神成山

22 天狗山

21 八束山

20 牛伏山

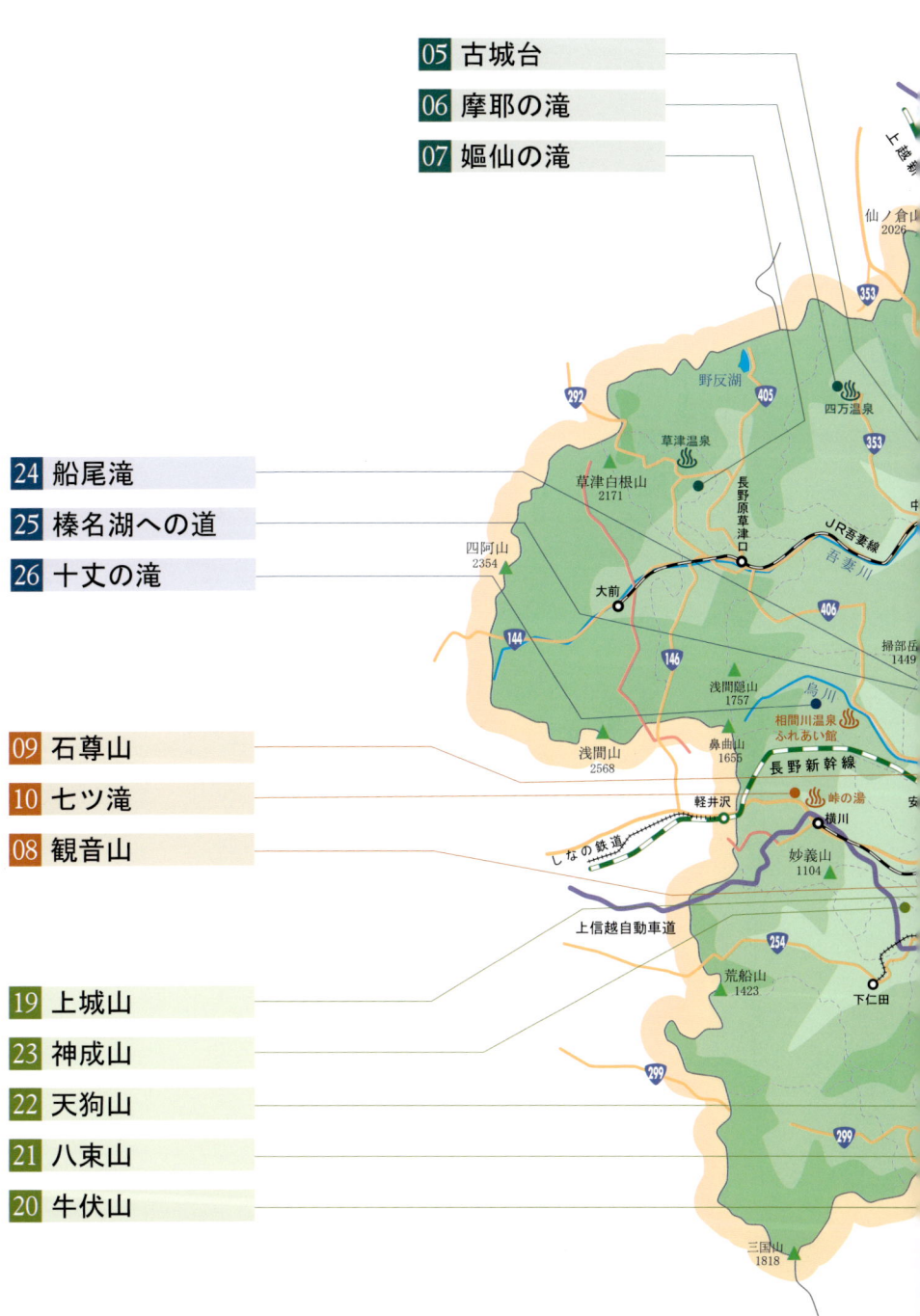

◉本書について

一、この本はガイドブックではありません。あくまでも著者が歩いた紀行文の形式で書かれています。主観による描写が多いため、実際の景観や状況とは異なる場合があります。

二、著者の独断により、1,000m以下の山を里山と定義しています。

三、里山紀行は気温が高くヤブが深くなる夏期を避けて11月~4月、水紀行は涼を求めて5月~10月に訪ねています。

四、文中でも記載してありますが、一部崖崩れや未整備のため道が判然としないコースも歩いています。事前の準備を怠らず、万全の注意をはらい、危険を感じた場合は引き返す勇気も必要です。

五、案内図は、すべて略図です。実際に歩かれる際には、最新の情報を確認し、地図とコンパスを持参の上、安全を心がけ自己責任でお楽しみください。

六、参考歩行時間は、著者が歩いた実質のコースタイムです。休憩時間などは含まれていません。体のコンディションや気象条件、個人差により誤差が生じます。時間に余裕を持って、お出かけください。

七、公共交通機関のデータは、「ちいきしんぶん」掲載時(2006年12月~2010年8月)のものです。内容が変わることもありますので、運行状況等は必ずご確認ください。

八、「とっていいのは写真だけ、残していいのは足跡だけ」自然環境保護の基本マナーを守りましょう。

巨人伝説が残る遺跡をめぐる

01 月夜野石尊山《つきよのせきそんざん》

標高751.6m● 利根郡みなかみ町

石尊山という名の山は、県内にいくつも存在するが、旧月夜野町の石尊山は、地元の人以外にはあまり知られていない静かな里山だ。中腹の岩壁には、大男が住んでいたという洞窟があり、今も社が祀られている。

後関駅前

棚田に囲まれた農道を行く

ここが登山口

色づく山並みに囲まれた棚田の里

上越線「後閑駅」に降り立つと、まっ先に駅前の看板を探した。あった！ ドイツ料理の店「夢」。懐かしい——今から20年以上も前である。この店の味と主人の人柄に惚れ込んで、足しげく前橋から通ったことがあった。午前中のこの時間では、まだ店は開いてないが、とにかく、今でもやっていてくれたことが、ただただ嬉しかった。

単純なことではあるが、思わぬ見つけものをして、心がはずみ、足どりも軽い。色づく山並みと、抜ける青い空。民家の庭には、木守りの柿が日の光に照っている。里の秋を満喫する絶好の里山ハイク日和である。

線路沿いの道から踏切を渡り、「玉泉寺」の標識に従いながら集落を抜け、高速道路のガードをくぐる。稲刈りを終えたばかりの棚田に囲まれた農道を行く。右手に平らな頂をもつ群馬の秀峰、三峰山。後方には大峰山から吾妻耶山《あづまやさん》へつづく稜線を望む。そして前方に、これから登る伝説と遺跡の里山、石尊山のなだらかな山容の全景が見渡せる。中腹に大きな岩肌が露呈している。あれが「八束脛《やつかはぎ》洞窟遺跡」だ。

大男が住んでいた弥生時代の墓地

一直線にのびる石段

登山口にいたるまで、一切の標識はない。迷わずにたどり着けたのは、石尊山と田んぼ道の間に、視界をさえぎるものがないためだった。麓の穴切集落に入ると、「八束脛洞窟遺跡」入口の案内板が立っていた。ここが登山口となる。石尊山の標識はない。

鳥居をくぐると、すぐに急な上り坂が始まる。竹林を抜け、杉林に入るとT字路に出るので、左へ。頭上に巨岩が見える。それに向かって一直線にのびる急な石段。高所恐怖症なので、下を振り返らぬよう一気に77段を上りきった。

大きな岩肌には、下からABCDと4層の洞窟が縦に並んでいる。最上部の洞窟からは、土器や石器、腕輪などのほか、人骨も多数発見されているという。ここは県の重要遺跡・町の史跡にも指定されている洞窟で、弥生時代中期前の火葬、風葬による共同墓地の跡である。

八束脛洞窟遺跡

また「八束脛」の名称には、こんな伝説が残っている。昔、この洞窟に脛《すね》の長さが握りこぶし八つ分もある大男が住んでいた。村へ下りてきては作物を盗むため、ある日、村人が洞窟の上り下りに使っていたフジツルを切ってしまった。やがて大男は餓死してしまった。

「たたりを恐れた村人たちが社を建てたんだってさ。今でも毎年4月と10月にヤハギ様の祭りが行われるよ」そう、下の集落で出会った老婆が話してくれた。

眺望の良い山頂と落ち葉の尾根道

洞窟から山頂までの道は不明瞭だ。落ち葉で隠れた道を探しながら、洞窟の上の岩場を巻いて尾根に登ると、やがて石宮のある頂上へ出た。「石尊山751・6m」と書かれた山名板があり、南方の視界が良い。子持山、小野子山、中ノ岳、十二ヶ岳と続く山並みを一望する。

秋晴れの青空の下、同行カメラマン氏が作ってくれたウイスキーのお湯割りを楽しみながら、昼食をとった。

石尊山頂上

下山は尾根までもどり、ひたすら稜線沿いに尾根道を西へ下った。一切の標識はないが、ときおり赤や青のテープが木々に結ばれているので、迷うことはない。麓からも見える大岩の脇を下りると、古い峠道に出た。だいぶ人の往来がないようで、かなり荒れている。ここからは沢沿いの山道を歩く。ときおり倒木や篠竹にはばまれるが、難なく民家の見える穴切の集落へ出た。

車道から振り返ると、平たい椀を伏せたような形のよい石尊山の全景が見えた。静かに色づき始めた山里の秋である。昔話に出てくるような風景を、しばし足を止めて眺めていた。

いい汗をたっぷりかいた後は、ゆっくりと湯につかりたい。うれしい事に、町営温泉センター「三峰の湯」が近い。電車の時間まで、のんびり疲れをとることにした。

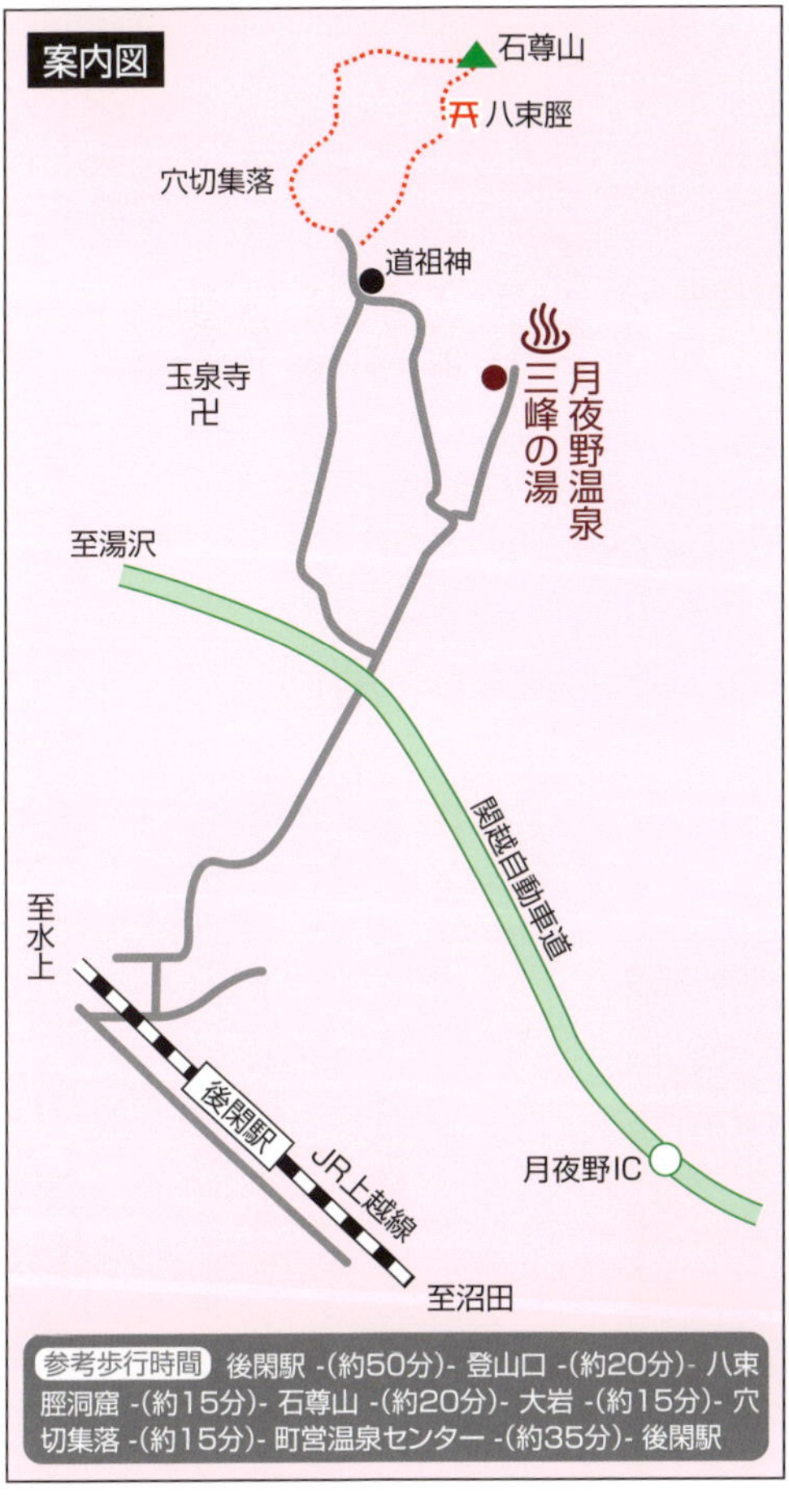

神秘がただよう浮島と湿原植物の沼

02

大峰沼《おおみねぬま》

標高1,000m・周囲約１㎞● 利根郡みなかみ町

徒歩でしかたどり着けない神秘の沼、大峰沼。日本最大級の浮島と、小尾瀬と呼ばれるほど多彩な湿原植物が生育する幻想的な風景は、時の経つのも忘れて、ただただ見惚れてしまう。

ＪＲ上越線、上牧駅

のどかな農村の風景を行く

　高崎から約1時間、上越線「上牧《かみもく》駅」に降り立った。ホームより階下の駅舎まで、学校の渡り廊下のような長い階段を下りる。改札口に駅員はいない。ここで初めて、無人駅だったことに気づく。立派な無人駅もあったものだ。

　従来の登山コースは駅より北の吾妻橋を渡るが、新しく架けられた吊り橋を通る近道を行くことにした。日帰り温泉施設「風和の湯」の案内板を目印に、駅前よりジグザグの階段で法面《のりめん》を下りる。わずか数分で施設へ。時間が早いのでまだ「準備中」の札が出ていた。帰りに立ち寄ることにして、ハイキングコースの道標に従い吊り橋で利根川を渡る。

　突き当たりのT字路に道標はないが、ここは左へ。やがて人家の脇に「大峰沼まで4・3㎞」の案内板を見つける。竹林のなか急坂を登り、国道291号線を渡り関越自動車道のガードをくぐると、桑畑が広がるのどかな農村の風景が出迎えてくれた。

上牧温泉

飽きることのない美しい沼

　ここは小和知《こわち》の集落。豊かな村のようだ。大きな屋敷と土蔵が点在する。田んぼにオタマジャクシが泳ぎ、道の端では道祖神やお地蔵さんが旅人をやさしく見守っている。正しい日本の原風景を見た思いがした。

　集落を抜けると舗道が終わり、いよいよ山道が始まる。杉林の中は涼しく、沢のせせらぎを聞きながら歩くのは、とても清々しくて気持ちがよい。やがて「水《みず》分《わけ》」不動尊に着いた。お堂のかたわらに、沢の清水を引き込んだ水場がある。手と顔を洗い、ノドをうるおして、ふたたび歩き出す。ここまで来れば、大峰沼はもうわずかの距離だ。

　短い木道を渡り、伐採された明るい急坂を登る。ふり返ると眼下に小和知の集落が見え、その先に目をやると三峰山、上州武尊山の雄姿が望める。吾妻耶山《あづまやさん》との分岐を過ぎると、すぐに湖畔へ出た。

　標高1000m、周囲約1㎞。沼の中ほどに浮かぶ浮島は、大きさ、古さ、厚さも本州最大で、生育する湿原植物とともに県の天然記念物に指定されている。周囲の山並みを映しながら静かに水をたたえる神秘さは、いつまで眺めていても飽きさせない妖艶な美しさを漂わせている。

露天風呂で川風と新緑を満喫

　沼と浮島を望むベンチで昼食をとり、食後は湖畔を一周することにした。ただ歩くだけなら20分もあれば回れるが、それではもったいない。陽光の反射により微妙に色合いを変える水面、角度により様々な形を見せる浮島、飛翔する水鳥の姿に目を奪われるたびに足を止めてしまう。たっぷり40分をかけて沼を一周した。

　約700m離れたところにある古沼へは、往復約25分。午後のこの時間になると、平日でも何組かのハイカーとすれ違った。マイカーの場合は、古沼の下に駐車場があるので、そこから徒歩となる（大峰沼まで往復約60分）。

　古沼は、水面上の木の枝に卵を産むこ

小和知の集落を行くハイカーたち

これぞ正しい日本の原風景

静寂につつまれる大峰沼

とで知られるモリアオガエルの生息地として有名。湖畔は柵で囲まれていて水際までは入れないが、周回はできる。以前訪ねた時にはカエルの姿を見かけたが、今回は鳴き声だけが、うっ蒼とした水辺に響いていた。

　復路は大峰沼までもどり、往路と同じ道をたどった。上牧温泉まで標高差約600mをひたすら下るだけだ。「風和の湯」へは、1時間半で着いてしまった。無色透明の良質な湯は、温泉宿と同じ硫酸塩・塩化物温泉。露天風呂は小さめだが、川風がほどよく入り込み、新緑を眺めるには絶好だ。何よりも館内が静かなのが気に入った。どうしてこんなに静かなのかと館内を見渡してみたら、日帰り温泉施設定番のカラオケがないのである。おまけに休憩処は、持ち込み可！　さっそく湯上がりに、持参のピーナッツとさきいかをつまみに、続けざまに2本の缶ビールを空けてしまった。

　ほろ酔い気分で、駅へと向かう。と、駅前に酒屋を発見！　電車の時刻までは、まだ時間がある。ホームで電車を待ちながら、もう1本だけ楽しむことにした。

案内図

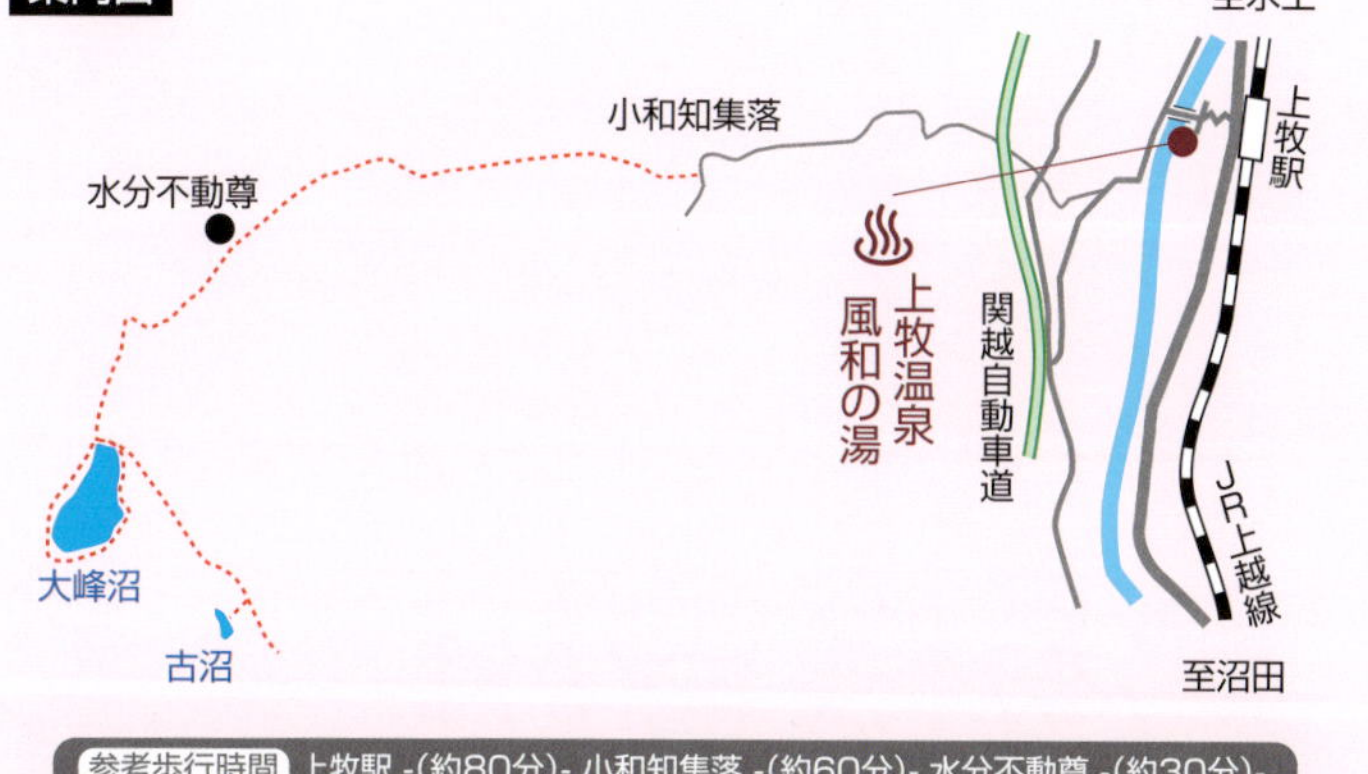

参考歩行時間 上牧駅 -(約80分)- 小和知集落 -(約60分)- 水分不動尊 -(約30分)- 大峰沼 -(約10分)- 古沼 -(約15分)- 大峰沼 -(約90分)- 風和の湯 -(約3分)- 上牧駅

谷川岳の出合をめぐる湯桧曽川遡上トレッキング

03

湯桧曽川《ゆびそがわ》

約４㎞● 利根郡みなかみ町

水上駅

出合《であい》とは、沢の支流が主流に流れ込む場所のこと。湯桧曽川には谷川岳を代表するマチガ沢や一ノ倉沢、幽ノ沢などの支流が流れ込む。ＪＲ上越線、土合《どあい》駅から湯桧曽川の右岸を芝倉沢出合まで、谷川岳の岩壁群を眺めながら沢をめぐる河畔トレッキングを楽しんできた。

日本一のモグラ駅を抜けて

うだるような暑さが続く毎日だ。せっかく涼を求めて水紀行へ出かけるのなら、標高の高いところがいい。そう思い、今回は谷川岳まで足を延ばすことにした。

上越線「水上駅」で、「長岡行き」の電車に乗り換える。「土合駅」までは、わずか駅２つ。暗い地下ホームに降り立つと、冷気につつまれていた。寒いくらいである。ここは噂に聞く「日本一のモグラ駅」。駅舎のある70m上まで、４８６段の階段をひたすら上ることになる。映画『クライマーズ・ハイ』のオープニングシーンを思い出す。この後、主人公は谷川岳一ノ倉沢にそびえる衝立岩《ついたていわ》に向かった。向かう方角は同じだが、こちらは沢歩きだ。気が楽である。

駅を出て車道（Ｒ２９１）を右へ歩き出す。上越線の踏切を過ぎ、湯桧曽川に架かる土合橋を渡ったところから国道と分かれて新道が始まる。どちらも蓬《よもぎ》峠・清水峠方面へ抜ける道だが、国道が旧道で、湯桧曽川河畔の林道が新道である。

新道に入るとすぐに、西黒沢出合を渡る。橋の上から、二段に落ちる見事な「蛇門の滝」が見えた。

土合駅の地下ホーム

ブナ林の中を川風に吹かれ

右手に湯桧曽川の流れを見ながら、川沿いのブナ林の中を行く。道幅も広く、起伏も少なくて、とても歩きやすい。目にしみ入るような緑のトンネル、絶えず聞こえる清流のせせらぎ――。汗はかいているものの、川風に吹かれながらのトレッキングは爽快だ。

ＪＲ見張所

マチガ沢出合の手前に避難小屋があり、ここから極端に道幅が狭くなった。多少の起伏もあり、やっと山歩きらしくなってきた。マチガ沢出合には新しい橋が架かっていたが、その先の一ノ倉沢と幽ノ沢の出合に橋はない。水量が少なかったので、難なく岩の上を渡ることができた。

道は石ころだらけの河原の中を歩いたり、時に小さな岩場を登ったりするが、常に湯桧曽川の流れに沿って、付かず離れず続いている。雲が切れると対岸には谷川連峰の一峰、白毛門《しらがもん》の山容が見えた。晴れていれば谷川岳東壁の針峰群が見えるのだが、右岸側の眺めは残念ながら霧におおわれていて望めなかった。

歩き出して約1時間半、芝倉沢出合に着く。出合手前の森の中に2つの小屋が建っていた。ＪＲの見張所と成蹊学園の山寮である。どちらも人気はなく、静ま

魔の山、一ノ倉沢を仰ぐ

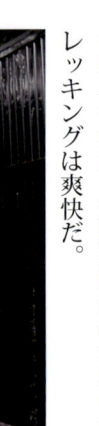

りかえっていた。見張所の軒下を借りて、昼食をとった。

魔の山、鎮魂の岩壁群を仰ぐ

見張所から旧道までは、わずか10分の距離だが、心臓破りの直登の道。コース中、最大の難所をあえぎながら登り切ると、そこは幻の国道291号だった。車は一ノ倉沢出合で、通行止めとなっている。かつては「清水越え」と言われた、群馬県と新潟県を結ぶ古い道だ。右へ行けば蓬峠、清水峠を越えて新潟県へ。もちろん左に折れて、復路をたどった。

山側に延々と、先人たちが築いた旧清水越国道の名残である石垣がつづく。往時の賑わいは今はなく、行き交う旅人もいない。怖いほどに静かな山の道に、遠く眼下を流れる湯桧曽川の水音だけが響いている。時おり岩肌に遭難者の慰霊碑《レリーフ》を目にする。花や酒が供えられたものもあり、死亡者の年齢をみると10～20代と若い人が多い。「若き情熱を山々に注ぎ一ノ倉沢に逝った友よ、安らかに！」刻まれた言葉に、思わず合掌した。

やがて、その何百という若い命をのみ込んだ〝魔の山〟一ノ倉沢を望む出合に着いた。日本アルプスの剱岳、穂高岳とともに日本三大岩場の一つに数えられている岩壁群は、真夏でも残る雪渓から霧雲が立ち上り、なんとも幻想的だ。

ここからは車道を歩いてロープウェイ「土合口駅」まで下った。JR「土合駅」まで歩くつもりでいたが、運良く「水上駅行き」のバスが発車するところだったので乗り込んだ。水上温泉街にある立ち寄り温泉「ふれあい交流館」で汗を流しながら、帰りの電車の時間を待つことにした。

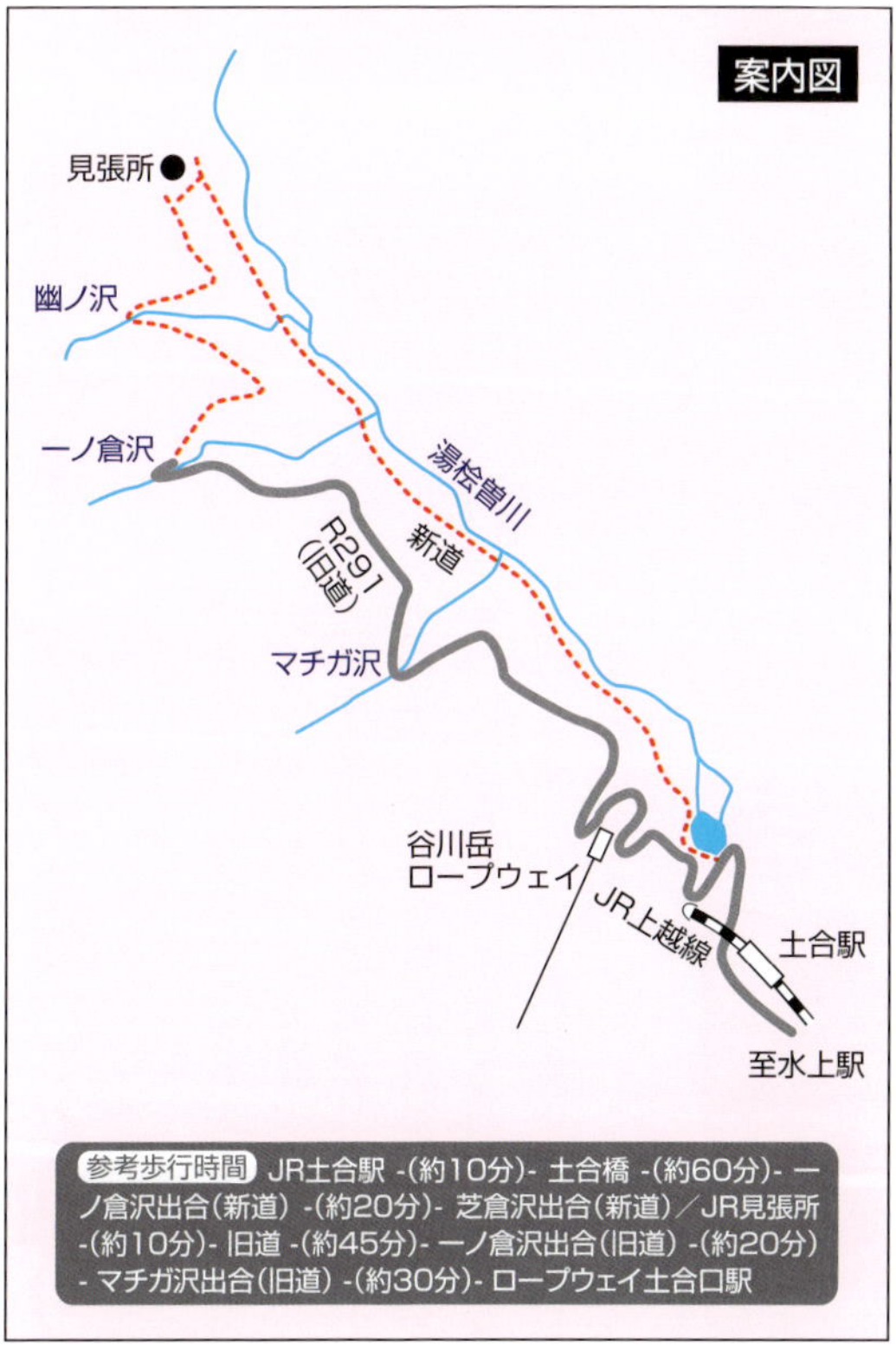

水しぶきを浴びながら東洋のナイアガラをひと回り

04

吹割の滝《ふきわれのたき》

落差約7m・幅約30m ● 沼田市利根町

片品川を浸食してできた大瀑布、吹割の滝。「東洋のナイアガラ」とも呼ばれ、「日本の滝百選」にも選ばれている。「上毛かるた」に詠まれ、群馬県民なら誰でも一度は訪れたことのある滝を、日がな一日、電車とバスを乗り継いで、のんびりと歩いてみた。

ＪＲ上越線、沼田駅

バスにゆられて峠を越えて

上越線「沼田駅」を出発したバスは、ゆっくりと坂道を上って行く。駅と中心市街地が、こんなに離れている都市も珍しい。まして、この高低差。確か何年か前に、エスカレーターを設置するとかしないとか、そんな話題を耳にしたことがあったが、その後、どうなったのだろうか。バスの中から見るかぎり、それらしきモノは見当たらない。さぞかし市民は、通勤や通学に難儀をしていることだろう。

中心商店街を通り抜けて、国道120号をひた走る。ここからは、取材等でよく通る見慣れた風景がつづく。バスは椎坂峠を重い車体を引きずるように上り出した。思えば、「沼田駅」に電車で降り立ったのも、バスで椎坂峠を越えるのも初めての経験だった。車内に他の乗客はいない、貸し切り状態だ。なんと贅沢な旅をしているのだろうか。

運転手に渓谷遊歩道の入り口をたずねると、「吹割の滝」より1つ手前のバス停で降りた方が近いと教えてくれた。「沼田駅」から約50分、「高戸谷十二廻り」バス停で下車した。

まだ5月だというのに、国道の端は強い日差しに照らされていた。しばし我慢をしながら、片品川へ向かい歩き出した。

山の神様、十二様

観瀑台からの眺望

滝の音を聴きながら歩く小道

片品渓谷に架かる吹割大橋のたもとに、小さな神社「十二様」が祀られている。ここから滝をめぐる遊歩道が始まる。大概のガイドブックでは、滝をスタート

浮島観音堂

地点とするコースが案内されているが、せっかくなら遠方から滝を眺めつつ、滝つぼでゴールとする逆回りコースをお勧めしたい。感動はラストに！　ドラマチックな山歩きを楽しみたいものだ。

神社を過ぎると、いきなり重厚な鉄の階段を登り上げる。T字の分岐は、左が天狗山へつづく登山道だ。10年ほど前に、まだ小さかった息子を連れて登ったことを思い出した。とても懐かしい。

10分ほど杉林の中を歩くと、第3観瀑台に着いた。新緑の木々の間から、川床を馬蹄型にくり抜いたような滝の姿が見える。遠く小さく見えているのに、ザーザーという川音が届いてくる。やがて遊歩道は高度を下げながら、第2観瀑台、第1観瀑台と通り過ぎる。徐々に滝の姿が大きくなっていく。

この道は、かつて高戸谷へ抜ける生活道路として、昭和初期まで活用されていた古道である。平成3年、滝をめぐる遊歩道として整備され、「詩のこみち」と名付けられた。毎年開催されている「全国ふきわれ俳句大会」の特選句が、石碑に刻まれている。ずらりと路傍に並ぶ数々の句に、そのつど足を止めて読み入ってしまう。

『**恋という　はげしさに似て　瀧の音**』

お気に入りの一句を見つけた。

伝説の滝つぼが川をのみ込む

橋を渡って、浮島へ。片品川に浮かぶ小さな島には、左甚五郎が彫ったという

左岸より浮島を望む

観音像が安置されている浮島観音堂がある。お参りをして、もう一つの橋を渡って川の左岸へ。

　いよいよ、滝が目の前に迫ってきた。ゴーゴーと轟音を響かせながら、一気に片品川をのみ込んでいく。霧状になった水しぶきが、もうもうと立ち上る。白い飛沫を上げながら、巻き込むように落ちる滝つぼを眺めていると、竜宮へ通じているという伝説も信じられる気がしてきた。

　昔々のこと。村のふるまい事で膳や椀が足りないとき、手紙を書いて滝つぼに投げ込むと、翌日には膳や椀が岩の上に置いてあったという。ところがある時、村人が借りた膳と椀を返し忘れてしまったところ、それ以来いくら頼んでも貸してもらえなくなってしまった。その椀と膳が、今でも滝の近くの家で大切に保存されているという。

　般若の面のように見える「般若岩《はんにゃいわ》」を対岸に眺めつつ、下流の「鱒飛《ますとび》の滝」へ。落差5mの小さな滝だが、吹割に負けじと豪快に水しぶきを上げていた。

　国道へ出ると、目の前が「吹割の滝」バス停だった。帰りの時間をメモして、旧利根村役場方面へ向かって歩き出す。目指すは吹割温泉、その名も「龍宮の湯」。乙姫様には会えないだろうが、お椀のひとつも貸してもらえるだろうか。いえいえ、何の贅沢も申すまい。湯上がりに、冷えたビールを一杯いただければ、それだけで十分である。

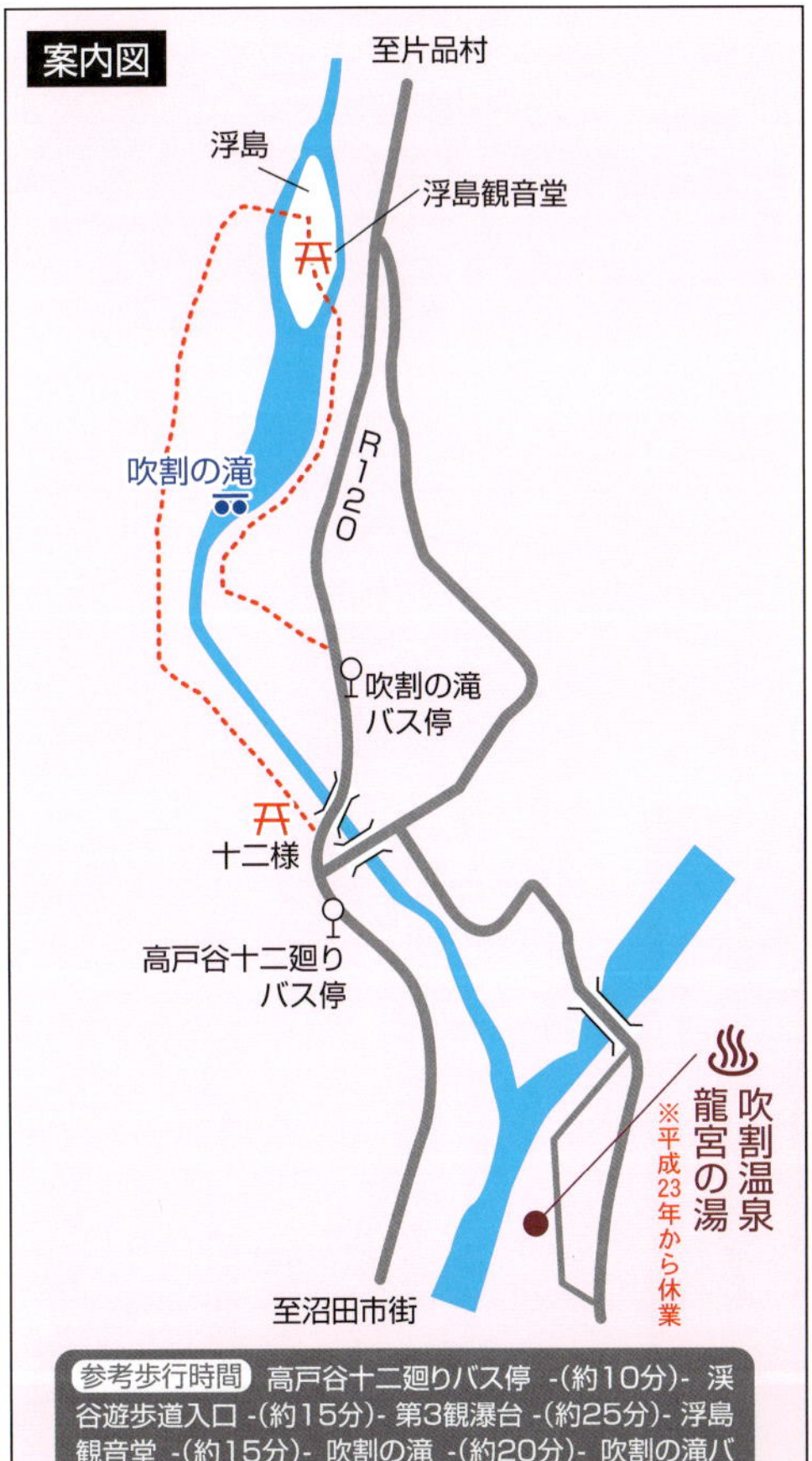

05 古城台《こじょうだい》

標高508m● 渋川市村上

奇岩をめぐる眺望の尾根歩き

その昔、白井城の支城が置かれていた岩井堂砦から、なだらかな稜線を描く「古城台」。手軽に登れる低山ながら、眺望の尾根歩きと奇岩をめぐるコースは、最後までハイカーを飽きさせない魅力の里山だ。下山後の温泉も楽しみ。

野仏めぐり

無人駅から春爛漫の里を抜けて

「高崎駅」から電車一本で行ける利便さにかまけて、今回はいつもより遅い出発となった。吾妻線「小野上温泉駅」に下車。無人駅だが、駅舎も待合室もきれいで気持ちがいい。それもそのはずで、平成4年に開業した、吾妻線で最も新しい駅だ。駅名の由来ともなった小野上温泉センターは、駅のすぐ前にある。

確か以前は、塩川温泉といっていたはず。昭和56年に、現在の日帰り温泉施設のはしりとも言える宿泊施設を持たない温泉センターが開業。地名の「小野上」を冠に付けたため、温泉名を「小野上温泉」と勘違いする人が多く、ついには温泉地名を「塩川」から「小野上」に変更してしまったという経緯をもつ。なんとも、ややこしい温泉地である。

駅を出て、線路づたいに田んぼ道を西へ歩き出す。湿った土のにおいは、とても懐かしい香りがする。梅も桜もほころびて、山里は今が春爛漫の装いだ。天気にも恵まれ、最高のハイク日和となった。駅舎の背後に、これから向かう古城台のなだらかな稜線が見える。

踏切と国道を渡り、赤い鳥居をくぐる。雑木林の中、長い階段を上ると作間神社のある村道に出た。境内には、野仏めぐり1番の道祖神があり、スタンプ台が設置されていた。興味がある人は、温泉センターでスタンプ帳をもらって歩き出すといい。

箱庭のような山里の風景を一望

神社にお参りをして、村道を10分ほど行くと、あずま屋の建つ展望舎に着いた。高台からは、ふだん見慣れない北方からの榛名山を望むことができる。左から水沢山、二ツ岳、榛名富士、烏帽子ヶ岳……。前橋、高崎方面から眺める姿との違いに、違和感を感じながらも、その眺望の素晴らしさを満喫した。

山里に梅の香り、奥に榛名山を望む

展望舎の前に、登山口はある。杉林の中を登り始めるや、すぐに大きな奇岩が、いくつも出迎えてくれた。ニョキニョキと林立する巨岩群は、さながら妙義山かミニ石林（中国）のよう。所々に大小の洞穴もあり、楽しい山行のスタートに足取りも軽い。

胎内くぐり

石段を上り尾根道へ

　突然、鉄のハシゴが出現！「胎内くぐり」と案内板があり、上ってみると大きな洞窟の入り口だった。穴の先は抜けていて、石門になっている。中は急坂のため注意が必要。

　コースをもどり、急な階段を息を切らして上りつめると、稜線の尾根道へ出た。やせていて狭いが、眺望は素晴らしい。眼下には岩井堂の岩山をはじめ、いくつもの切り立つ奇岩美を見渡すことができる。

　前方には古城台のシンボル、巨大な天狗岩がそびえている。西側を巻いて、広い尾根へ。山頂は、山道脇のこんもりとしたピーク。意識して探さないと見落としてしまいそうなほど小さな、名刺大の山名板が木に貼ってあった。

春の野花と野仏をめぐりながら

　昼にはまだ早かったが、東側にある展望台で済ませることにした。ベンチが配されていて、休憩をとるにはもってこい

「針の穴」をくぐる

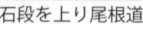

のロケーションである。正面に榛名山を望み、手前には国道や鉄道、段々畑、カラフルな民家の屋根が箱庭のように広がる。これぞ里山からの眺望である。車の往来の音、工場のサイレン、学校のチャイムなどが山頂まで届く、この微妙な里との距離感が楽しい。

北側へ下り始めると、思わぬサプライズが待っていた。俗に「針の穴」と呼ばれる狭い岩穴くぐりだ。クサリをたよりに体をねじってみるがリュックが邪魔で抜けられない。コース最大の難所か？リュックを先に通し、体を横にして、やっとくぐり抜けた。その後は、杉林の中をゆるやかに下る。やがて舗装道に出た。ほのかに梅の香りがただよっている。北を望むと、小野子山、中ノ岳、十二ヶ岳の山群が指呼の間にせまる。道の端では菜の花が咲き誇り、野仏が微笑んでいる。そのまま昔話の舞台になりそうな、のどかな山里の風景である。

村道へ出ると左手に、「むしば神」なる奇妙な形をした岩が祀られていた。なんでも、この岩に願をかけると虫歯の痛みがとれるとのことだ。村道を引き返すと、今度は「弘法大師のこしかけ石」があった。弘法大師が腰掛けて、古城台の絶景を眺めたといわれている石だ。腰の跡、足の跡が残っているのには、笑ってしまった。まっすぐ行けば、スタート地点の作間神社へもどるが、こしかけ石から林の中を抜けて、国道まで下った。

お約束の温泉探しの苦労も、今回は無用だ。温泉は駅のまん前である。のんびり湯につかり、下山祝いのビールとともに、帰りの電車の時間を待った。

虫歯の神様「むしば神」

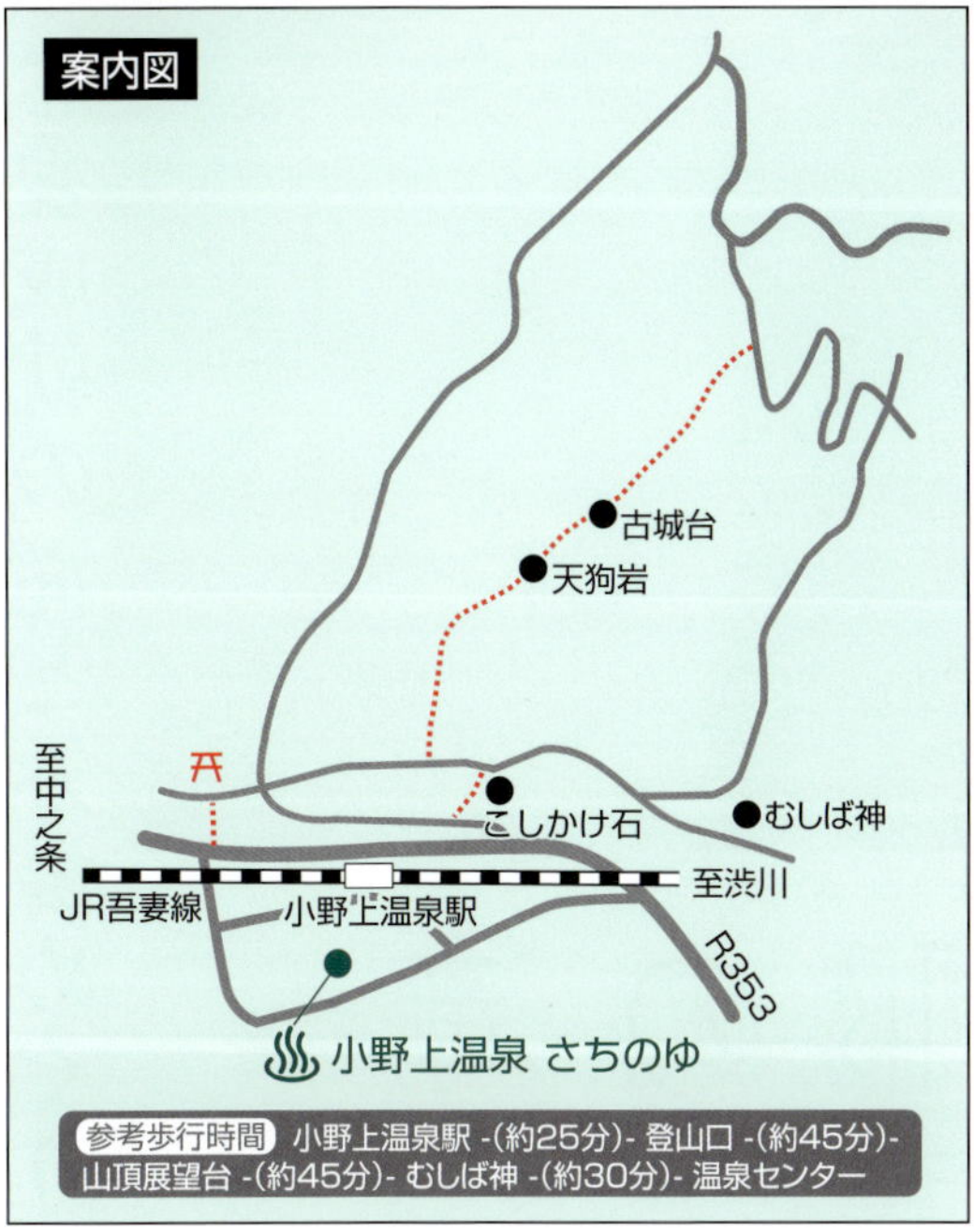

ロマンあふれる恋愛成就の滝と外湯めぐり

06 摩耶の滝《まやのたき》

落差約20m ● 吾妻郡中之条町

県内屈指の名湯、四万《しま》温泉。昔なつかしい温泉街を抜けて、訪ねる山奥にある豪快な滝「摩耶の滝」には、美しい姫が運命的な出会いをするラブロマン伝説が残っている。旅のしめくくりは、もちろん温泉三昧！

昔なつかしい温泉街を抜けて

吾妻線「中之条駅」から、「四万温泉行き」のバスに乗り込む。さすが人気の名湯だけのことはあり、電車の到着に合わせてバスが運行している。待ち時間わずか7分で出発。ローカルバス路線にしては、1日の本数も多く、非常に便が良い。

2000年、四万温泉で「探四万展《さがしまてん》」というイベントが開催された。縁があって僕にも声がかかり、作品（絵画とエッセー）の出展と、シンポジウムでのパネリストとして参加させていただいた。その以前からだから、僕と四万温泉との付き合いは、とても長い。何十回と訪ねている温泉地だ。

積雪のある冬場のみバスを利用したことがあるが、夏のこの時期にバスで訪ねるのは初めてである。車高が高い分、視界が広がり、深緑の迫り来る感じがいい。何よりも旧道を走り、昔ながらの集落を抜ける道のりは、否応なしに旅情をかきたててくれる。約40分のバス旅を楽しんだ。

終点「四万温泉駅」で下車。古い温泉街を歩き出す。

四万温泉は四万川の渓流沿いに連なる細長い温泉地で、5つの地区からなる。一番手前の「温泉口」、風情ある街並みが続く「山口」、老舗旅館が集まる中心地で、土産物屋や飲食店が集まる「新湯《あらゆ》」、渓流と深緑につつまれる「ゆずりは」、そして最奥にある四万温泉発祥の地「日《ひ》向見《なたみ》」と続く。今回訪ねる「摩耶の滝」は、日向見から登山道が始まる。

山ビルよけのスプレーを散布

山ビルとクマに用心しながら

バスを降りた「新湯」から四万川沿いに「ゆずりは」地区を抜けると、四万で唯一車道から望める滝「小泉の滝」を見下ろす。小さいが、形の良い滝である。

やがて、日向見に着いた。いで湯伝説が残る外湯「御夢想《ごむそう》の湯」の向かいにある国の重要文化財「日向見薬師堂」に参拝して、いよいよ滝へと向かう。

登山口には「山ビル（吸血ヒル）注意」の看板と、ご丁寧にも対策用の食塩水のスプレーが置かれていた。どうやらヒルは足元を狙うらしく、靴や靴下、ズボンのすそに散布するようにとの説明書きがされている。かつて四万の山へ入ってヒルにやられた経験はないが、せっかくの厚意なので、万全を期してから出発した。

前日の雨で、所々水が出て、ぬかるんでいるものの道幅もあり、快適な歩行が始まった。ただし、左側は日向見川の渓谷のため、路肩は注意が必要だ。

時々、道の端にクマよけの鐘が吊ってある。こちらも念のために「カーン、カーン」と叩いて歩いた。ヒルよけのスプレーもクマよけの鐘も、地元四万温泉の人たちが、訪れる観光客のためにと設置したものだそうだ。

御夢想の湯

小さな沢を渡ったり、多少足をとられる泥地はあるものの、難なく滝見台へ着いた。

豪快な滝を眺めながら乾杯！

眼前に、ゴーゴーと唸りをあげながら垂直に落ちる豪快な滝の姿が現れた。樋状の滝口から飛び出した水は、黒光りする岩盤めがけて叩きつけるように落ち、

昭和レトロな温泉街

大きくバウンドしながら飛沫をあげている。恐る恐る柵から覗き込んで見るが、滝壺は見えない。

「摩耶の滝」には、こんな伝説がある。摩耶姫という美しい娘が、ある日、お不動様の導きにより滝へ行ってみると、鹿を追って男が山から下りてきた。今までに見たこともない立派な青年で、2人は運命的な出会いをして幸せになったという。このことから最近は、〝恋愛成就の滝〟として訪れるカップルが増えているとのことだ。

あずま屋の向かいにも水量は少ないが、もう1本滝が落ちている。落差はこちらの方がありそうだ。2本の滝を眺めながら、昼食にした。この日は偶然にも、僕の誕生日だった。覚えていてくれた同行のカメラマン氏が、クーラーボックスからサ冷酒を取り出して、サプライズの乾杯！ なんとも思い出に残る水紀行となった。

帰りは来た道を、そのまま日向見まで戻った。さすが人気の四万温泉である。何組もの観光客とすれ違ったが、登山の格好をしている人はいない。サンダルや革靴、スカートでは、あまりにも無謀である。赤ちゃんを抱っこしたお母さんがいたのには驚いた。

四万温泉には6つの外湯がある。まずは日向見薬師堂前の「御夢想の湯」で汗を流して、近くの土産物屋で生ビールを一杯。新湯まで歩いて今度は「河原の湯」につかり、缶ビールを買い込み、河畔でもう一杯。そろそろ乗車するバス停を探そうと山口まで歩いて、「山口露天風呂」で川風に吹かれながら3本目のビールとともにバスの時間を待った。

クマよけの鐘

独特なフォルムを描く優美な滝と湯の町歩き

07 嫗仙の滝《おうせんのたき》

落差約35m● 吾妻郡草津町

ひたすら滝だけを目指す水紀行も悪くはないが、時には温泉街をそぞろ歩きながら訪ねるのもいいものだ。赤茶けた岩肌をいく筋もの流れが、曲線を描きながら優雅に滑り落ちる美しい滝に魅せられたあとは、極上の湯が疲れた体を待っている。

ここは涼風の吹く別天地

さすが天下の草津温泉である。吾妻線「長野原草津口駅」に降り立つと、すでに「草津行き」のバスが待っていた。非常につなぎが良い。

幾度となく草津は訪れているが、路線バスで行くのは初めてである。車高の高い座席からだと、見慣れた景色も違って見えて、やけに旅情を誘う。30分ほどで、草津温泉のバスターミナルに着いた。

下界では連日、35度を超す猛暑日が続いているが、ここは別天地。炎天下は汗ばむものの、日陰に入れば涼しい風に吹かれて実にしのぎやすい。快適な歩き出しとなった。

バスターミナル前から国道292号、別名「すずらん通り」へ出て、旧六合村方面へ向かう。草津熱帯圏を過ぎ、ベルツ通りとの交差点を右折した。滝への案内板は、もう少し先に出ているらしいが、コンビニの店員が近道を教えてくれたのだ。

真夏でもここは別天地

右に「睦《むつみ》の湯」、少し行くと左に「恵《めぐみ》の湯」と、わずかな距離に外湯（共同浴場）がいくつも現れた。すずらん通りにも「巽《たつみ》の湯」があった。草津町には、このような無料の共同浴場が、なんと全部で18カ所もある。

川床まで一気に急斜面を下る

やがて十字路に出たが、「滝まで2・6キロ」の標識に従い直進する。石垣の上に別荘が並ぶ、木陰の道を行く。途端に、汗も引っ込んだ。バスターミナルから歩いて約50分、滝入り口の駐車場に着いた。車が入れるのは、ここまで。

いきなり「熊出没注意」の看板！　さらに、ラジオや鳴り物を携帯するように

ロープをたよりにトラバース

との指示まであった。もしもの時を想定して、カメラマン氏は笛の用意を、僕は鈴を取り出してリュックに装着した。これで熊よけは、万全である。

　途中、「このコースは上級者向け」との案内板があった。まさか、たかだか20分ほどの滝つぼへ下るだけの遊歩道ではないか……。と、高をくくっていたら、さにあらず。あずま屋を過ぎたあたりから、急な下り坂の連続となった。やがて急斜面をジグザグと下り出した。手がかりのロープは張られているが、滑りやすいので細心の注意が必要。

　つづら折りのUカーブから、ときおり豪快な水音とともに滝の上部が顔を出す。かなり大きな滝のようだ。川べりへ出ると、斜面をトラバース（横切る）しながら一気に小雨川の河川敷まで下った。瀑音のするほうを見上げると、そこにはなんとも不思議なフォルムをした滝の姿があった。

天女の羽衣のような妖艶さ

　こんな滝は見たことがない。異様な様相である。滝口から落ちた水は途中で2本に分かれ、1本はそのまま直瀑し、もう1本は隆起したコブのような岩肌にはじかれて、扇を開いたように散ったあと、曲線を描きながら優雅に舞っている。まるで、天女の羽衣のよう。

　ただ、赤茶けた岩盤が毒々しくも映る。ぽっかりと空いた洞窟のような穴が2つ。ドクロのようでもあり、巨大なタコのようにも見える。美しさの中にも、妖艶な不気味さが漂っていた。一説によると、嫗仙の滝は「温泉の滝」がその名の元になったと言われている。

　帰路は来た道をもどり、あずま屋で昼食をとった。

　涼風の吹く別天地とはいえ、急坂をあえぎながら登れば、さすがにたっぷりと汗をかいた。とにかく、さっぱりとこの

汗を流しに外湯へ

草津のシンボル「湯畑」

汗を流したい一心で、外湯を目指した。

　草津熱帯圏近くの「睦の湯」に入った。午後のこの時間は、どこの外湯も空いているのに、ここは3人も先客がいた。そこへ僕ら2人が加わり、先客と入れ替えに、また2人の客がやって来た。千客万来、人気の湯のようだ。

「ここは湯畑の湯を引いているからね。みんな、いい湯は知っているんだよ」と、毎日入りに来るという地元のおじいちゃん。硫黄の匂いと、ガツンと抱きしめてくる熱い湯がたまらない。「草津の湯に入った！」という、満足感を十二分に味わった。

　湯上がりは目の前のコンビニで、とりあえず缶ビールを1本。さて、ゆっくりと温泉街を歩いて帰るとしよう。

知られざる観音山の魅力を再発見

08

観音山《かんのんやま》

標高227m● 高崎市石原町

ひびき橋

高崎市のランドマーク、白衣大観音像の建つ観音山は、県民なら誰もが知っている里山だ。でも、車で訪れたことはあっても、自分の足で登頂した人は少ないはず。知っているようで知られていない名所や絶景ポイントを巡りながら、三角点のある山頂を目指した。

達磨寺から展望の登山道が始まる

まだ、お屠蘇《とそ》気分が抜けやらぬ正月休みに、重い腰を上げて寒風の中、電車に飛び乗った。今回は新年の1回目ということで、高崎里山界の王道、観音山を目指した。いつも眺めている山、何度となく車で訪ねている白衣観音像……。でも山頂はどこ？

一度はちゃんと自分の足で登頂してみたい里山である。

少林山達磨寺

信越本線「群馬八幡駅」下車、辺りはまだ、のんびりとしたお正月ムードが漂っている。どうみても山歩きの格好をしている方が違和感がある。でも目指すは、背後にそびえる名山「観音山」。意気揚々と線路を渡り、国道を渡り、碓氷《うすい》川を渡った。

駅から約20分で、スタート地点の少林山達磨寺に到着。折しも、この日は「だるま市」開催の前日で、境内は祭りの準備をする業者たちが、せわしなく動き回っていた。作業の邪魔にならないよう、早々に参詣をして南背面の登山口へと急いだ。

造成された斜面に、あずま屋が見える。すぐ下の左の細い沢から、高崎自然歩道『白衣観音めぐりのみち』が始まる。振り返ると、眼下には絶景が広がっていた。榛名山から草津白根山、浅間隠山、角落山、そして浅間山まで、北西の山々を一望。その雄大な眺めに同行のカメラマン氏は、何度もシャッターを切っていた。

道祖神や石塔群をめぐり洞穴へ

竹林の道は、冬でも青々として明るく、歩いていてとても気分が良い。息が切れる急坂をひと登りすると、舗道に出た。「白衣観音まで6・7㎞」の看板を右折。ここからしばらくは、果樹園に囲まれた車道を歩くことになる。何度か辻を曲がるが、道標があるので迷うことはない。

左手に県立みやま養護学校の広い敷地が見えたら、その先を左折して県道へ。右へ100mほど歩くと、すぐに山道へ入る。竹林の中を歩くこと約10分、舗道へ出ると双体道祖神が迎えてくれた。少

さあ、歩き出そう

千人隠れ

慈眼院「白衣大観音」

し下ったところには、何十基もの石塔が立ち並ぶ「庚申塔群《こうしんとう》」が見られる。車の往来もなく、静かなところだ。いつも眺めている観音山の中に、こんな場所があったとは……。身近なところにも知らない風景があるものだと、つくづく感じた。

あずま屋の建つ「大黒休憩所」の脇から細道へ入ると、「穴大黒」と呼ばれる洞穴がある。古墳時代のもので、元禄3年と刻まれた石殿の中には、石宮や大黒様が祀られている。だが、あまり訪れる人がいないからなのだろうか、周辺は荒れていて、不法投棄のゴミが散乱していた。見上げれば、洞穴のすぐ上を車道が通っている。

ここがコースの中間地点、達磨寺から約1時間半の距離。朝が早かったせいか、すでにお腹がすいてきた。林道へ出て、見晴らしの良い尾根を見つけ、早めの昼食をとることにした。

山頂は観音様の背後のピーク

尾根つづきに見える白衣観音に別れを告げ、林道からまた山道へ入る。ただ、ひたすらに下る。せっかく登ったのに、もったいない。吉井町側の林道まで下り、さらに雁行川の支流を川底まで下る。両岸を断崖にはさまれた小さな渓谷に、名勝地「千人隠れ」がある。

大きな庇《ひさし》状の崖で、天明3年の浅間山噴火の際に、近くの人たちが降灰から逃れるために集まった場所だという。見上げていると、今にも崩れて来そうな恐怖心に襲われる。現在、崖崩れの危険があるため、庇の下へは入れない。

林道にもどり、小塚4号橋の先から山道に入る。先ほど下った分を取りもどすべく、今度はひたすら登りだ。見晴らしのよい鉄塔の建つ尾根に出れば、ゴールは近い。そのまま白衣観音まで車道を歩いてもよいが、せっかくだから染料植物園の中の「ひびき橋」を渡って行くことにした。高所恐怖症には、少々つらいものがあるが、それでも吊り橋から眺める横を向いた観音様の美しい姿は、一見の価値がある。

土産物屋が並ぶ参道を抜けて、白衣観音像の真下へ。でもゴールは、ここではない。観音様の背後にある小さなコブのようなピークを、ひと登り。ブロンズ像の建つてっぺんに、三角点を発見！

「群馬八幡駅」から山頂まで、約3時間半の歩行だった。

帰りは来た道をもどり、そのまま尾根伝いに歩き高崎観音山温泉へ。ひと風呂浴びて汗を流し、ぐるりんバスの時間まで、同行のスタッフらと新年会をすることにした。

山頂を示す三角点

参考歩行時間 群馬八幡駅 -(約20分)- 達磨寺 -(約10分)- 登山口 -(約60分)- 庚申塔群 -(約10分)- 穴大黒 -(約40分)- 千人隠れ -(約40分)- ひびき橋 -(約20分)- 観音山 -(約15分)- 高崎観音山温泉

09 石尊山《せきそんさん》

標高571m● 安中市・高崎市

里山を満喫できる秋間丘陵の秀峰

安中市の北、烏川と秋間川に挟まれた秋間丘陵の中央。長野新幹線「安中榛名駅」の頭上にそびえる石尊山は、低山ながら展望の尾根歩きを満喫できる「ぐんま百名山」に選ばれた魅力の里山だ。

石尊山山頂

磯部駅前、正面は「日本最古の温泉記号発祥の地」碑

触れ合いから小さな旅が始まる

信越本線「磯部駅」から、「安中榛名駅行き」のバスに乗り込む。里山ハイクの楽しさは、登山口までの公共交通機関を使ったアクセスにある。電車やバスで出会う駅員さんや運転手さん、老人や学生らとの触れ合いが、小さな旅の始まりに旅情を添えてくれるからだ。

長野新幹線「安中榛名駅」でトイレを借りて、地図を片手に歩き出す。ガードをくぐって北側駐車場へ抜ける。急な車道を上り長岩集落で、ちょっと寄り道をすることにした。坂の途中にある「元助遺跡　赤穂浪士《あこうろうし》石像入口」の標識に導かれて、畑と竹林の中を歩くこと十数分。ずらりと石像群が並ぶ岩窟の下に着いた。この四十七士像は、秋間出身の赤穂浪士の忠僕・元助が、義士の供養のために造ったものだと伝えられている。厳粛な空気の流れる静かな場所だが、閉所恐怖症の僕は早々に引き返してしまった。

車道に戻って、上長岩の集落へ。石尊

四十七士石像

のどかな山里の集落

山へは、この先に直登する遊歩道が整備されているが、今回は尾根歩きを楽しみたいので、集落を右折することにした。道標はないが、一本の桜の木が分岐の目印である。

右に左に眺望が開ける尾根歩き

この辺りは、大きな〝かしぐね〟を持つ、石垣の立派な屋敷が多い。道なりに行かず、途中で梅畑と杉林の間を左に入る。ここも道標がないので注意！　梅畑の向こうに、目指す石尊山の頂が見える。

梅畑を登りつめた尾根筋で、やっと道標を発見。壊れているが、かろうじて「石尊山1・1㎞」の文字が読める。

やがて雉子《きじご》ヶ尾峠への分岐に出る。訪れる人もいないのだろう、雉子ヶ尾峠方面への道は荒れている。そのまま直進すると、2基のベンチがある展望台へ。北側が開け、榛名山が大きく見える。ここから山頂までは、ひと登りだが、かなり笹がうるさくヤブ漕ぎを強いられる。時おり黄色いテープが現れるので道に迷うことはないが、手を切る恐れがあるので軍手は必需品である。

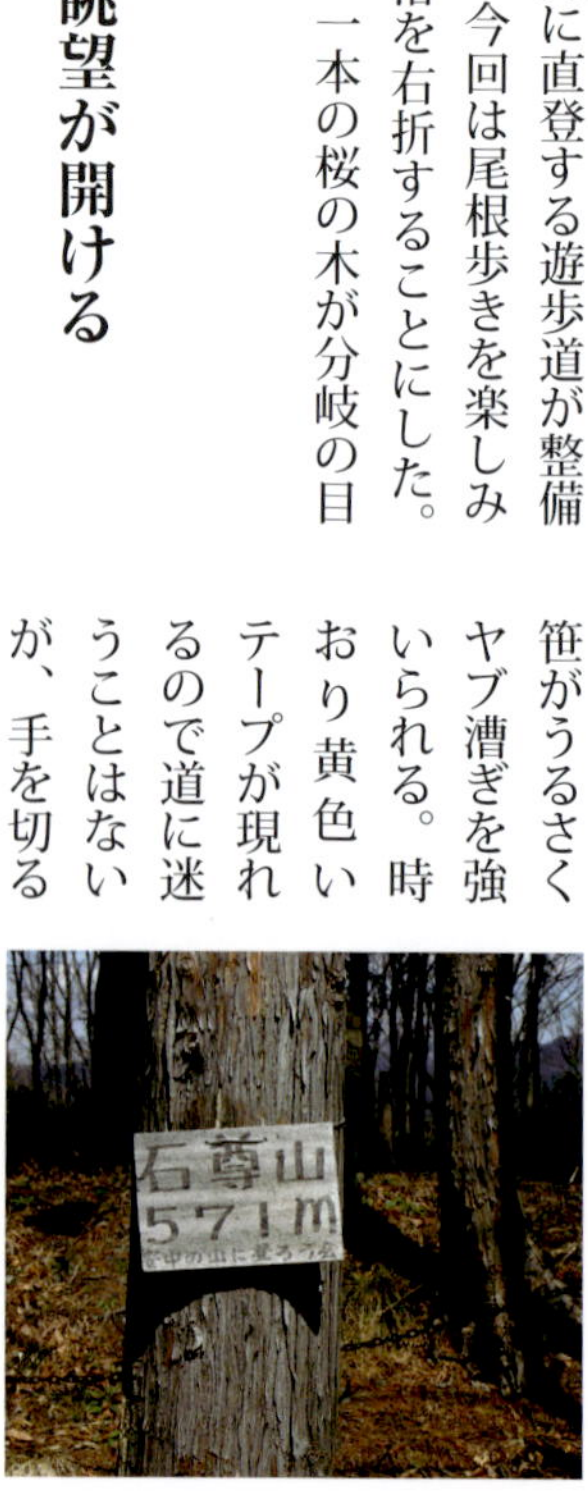

安中榛名駅から、寄り道も含めて約1時間40分で石尊山の山頂に着いた。山頂には大小いくつもの石祠や灯籠があり、この山の信仰の歴史を物語っている。南方の眺めが素晴らしく、御荷鉾《みかぼ》山《やま》をはじめ西上州の山々を一望することができる。

帰りは温泉で湯ったり呑んびり

山頂から南へ下る木の階段の途中で、石祠の裏から竹林の中を西へ向かう道を見つけた。風戸峠へ出られると思い歩き出したが、峠よりかなり手前に下ってしまった。道も荒れているので、階段の遊歩道を素直に車道まで下りることをお勧めする。

　風戸峠を越え、のどかな山里の風景を眺めながら野道を歩く。大きなU字カーブで「関東ふれあいの道」の道標にしたがい、車道から離れ「日蔭本庄」方面へ。途中、うっ蒼とした杉林の中を抜ける林道・榛倉線に出るが、道標がしっかりしているので迷うことはない。県道へ出る手前で、かなり急な長い木の階段を下りる。高所恐怖症の僕には、最後の難所となった。が、無事下山！山頂より約1時間10分の歩程だった。

　烏川を渡り国道406号へ出ると、すぐ左手が「落合」バス停。運良く数分で「ぐるりんバス」がやって来た。相間川温泉まで行き、良質の湯につかり、遅めの昼食をとることにした。「高崎駅行き」の最終バスまで、たっぷり2時間はある。生ビールの杯が増えてしまいそうだ。

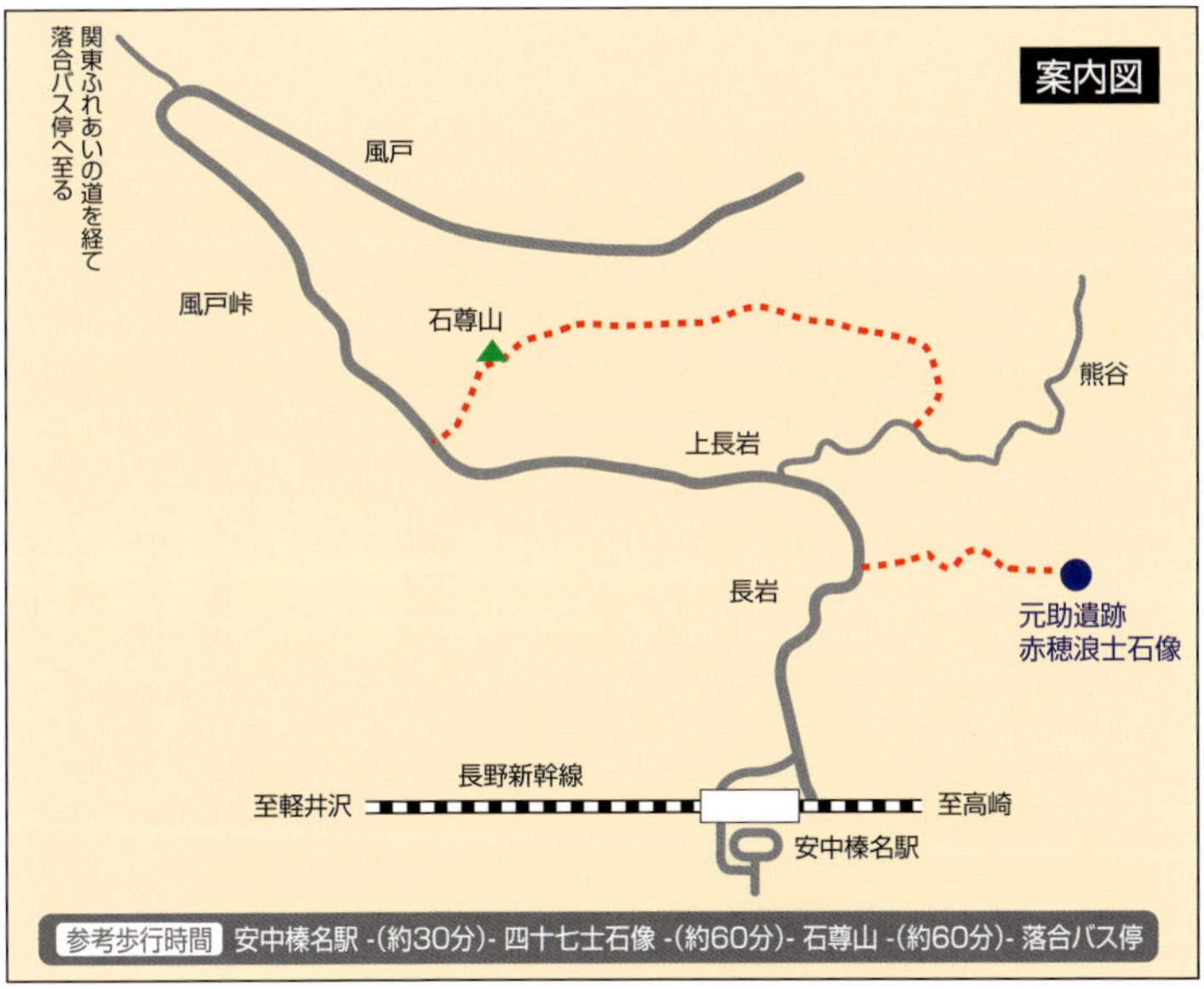

相間川温泉「ふれあい館」

碓氷湖から渓流を遡上してめがね橋へ

10

七ツ滝《ななつだき》

約1㎞●安中市松井田町

地図にも載らない、ガイドブックでもほとんど紹介していない、知る人ぞ知る幻の滝「七ツ滝」。渓流を渡り、岩壁を登る難所も多々あるが、大小7つの滝が累々と落ちる渓谷美は、必ずや訪れる者を魅了する。

アプトの道で野猿の群れに出合う

早朝、信越本線「横川駅」に降り立つ。横川といえば「釜めし」、釜めしといえば「おぎのや」。おぎのや、といえばTVドラマ『釜めし夫婦』を思い出してしまうのは、かなり人間が古い証拠だろうか。いずれにしても、横川駅に降り立つのは、子供の頃以来だから、かれこれ40年ぶりになる。

まだ閉まっている釜めしの販売所を横目に、「アプトの道」の起点となる「碓氷峠鉄道文化むら」をスタートした。アプトの道とは、明治26年にドイツの山岳鉄道で使用されていた「アプト式」を採用して開通した横川～軽井沢間の鉄道跡が、レールもそのままに整備された遊歩道。国の重要文化財に指定されている終点の「めがね橋」まで、約4㎞のハイキングが楽しめる。

碓氷峠鉄道文化むら

今回の水紀行は、アプトの道の途中にある碓氷湖から碓氷川源流を遡上して、めがね橋まで登るコースをゆく。ゴール地点は同じでも、一般観光客とは目的が違う。レンガ造りの建物が美しい「旧丸山変電所」、日帰り温泉施設「峠の湯」を右に左に眺めながら、スタート地点の湖を目指して、足早に歩く。途中、野猿の群れに出合った。子猿を抱えた母猿の微笑ましい姿に、しばし心を奪われた。

旧丸山変電所

意を決して靴を脱ぎ渓流の中へ

駅から約1時間で、碓氷湖に着いた。めがね橋を模しているのだろう、湖に架かるレンガ色の2つの橋と、全山紅葉の山並みを映す湖面とのコントラストが見事だ。錦繍《きんしゅう》美の観賞もそこそこに、湖畔を半周して碓氷川が流れ込む湖頭へ。10年ほど前に訪れた時には、確か遊歩道が整備されていたはずだが、河原は荒れていてルートの判断が難しい。川筋も蛇行により、流れを変えていた。突然、視界に入った「熊出没注意」の看板に、あわてて熊よけの鈴と笛を取り出して鳴らす。

道がないので、仕方なく石ころと流木を乗り越えながら、左岸を歩いて上流を目指す。道があった！と思ったら、川の対岸だった。前方は堰堤《えんてい》にはばまれている。水深は目測で足のくるぶしから、深くてふくらはぎ程度とみた。意を決して、靴と靴下を脱いで、いざ川底へ。抜き足、差し足で足元を確かめながら、ゆっくりと前進する。温暖化とはいえ、晩秋の渓流の水は、かなり冷たい。岸へたどり着く頃には、足の感覚がなくなっていた。

右岸に渡ると、荒れてはいるが遊歩道らしき道筋が続いていた。めがね橋方面を示す道標もあった。いったん、川瀬から離れ堰堤を巻いて山の中へ。ふたたび川岸へ下りる。木の階段がしつらえてあるが、所々朽ちていて苔むしている。ただ、手すりのクサリだけは真新しかった。次第に瀬音が大きくなっていく。やがて、大きな滝の姿が目に入ってきた。

次々と現れる大小の滝に拍手喝采

だが、またもや渓流にはばまれて道が消えてしまった。断念するのか、それとも強行突破か!? 水深は先程よりさらに深く、流れも速い。同行のカメラマン氏と思案の末、石の橋を造ることにした。適当な石を見つけては、手当たりしだいに川底へ投げ込んだ。格闘すること約15

いくつものトンネルをくぐる

碓氷湖

石の島を渡る

分。なんとか3ヵ所に石の島を造り、跳んで渡ることができた。

落差約10m、布のような白い流れが4段に滑り落ちる優美な滝だ。七ツ滝とは、大小七つの滝の総称で、一つ一つには名前がない。これほど立派な滝が名無しとは、かわいそうである。見ようによっては、4つの釜を伏せた形にも見える。と、いうことで勝手に「四つ釜の滝」と命名させてもらった。

めがね橋

滝の脇の岩壁を、クサリをたよりによじ登る。水しぶきが顔にかかるほどの滝との一体感は、滝好きにはたまらない興奮をおぼえる。登りきると今度は、滝口の上から滝つぼを見下ろす迫力!
前方に目をやれば次なる滝が現れ、遡上するごとに小さな滝が累々と続く。その流れの美しさと勇壮さに、思わず拍手をしてしまった。まるで名舞台を観た時のスタンディングオベーション状態である。興奮が覚めやらぬまま、やがてひと登りで旧国道18号へ出た。ところが、遊歩道の出口には「立入禁止」の立札があった。もしかしたらこのコースは現在、閉鎖されているのかも。だとしたら、一日も早い整備が望まれる。
レンガ造りの4連アーチ式鉄道橋「めがね橋」は、何度見ても圧巻である。バスも止まっていて、たくさんの観光客で賑わっていた。帰りは、めがね橋の上を歩いて渡り、そのままアプトの道を戻ることにした。途中、「峠の湯」に入り泥と汗を流し、カメラマン氏と祝杯をあげてから、ほろ酔い気分で駅へ向かって歩き出した。

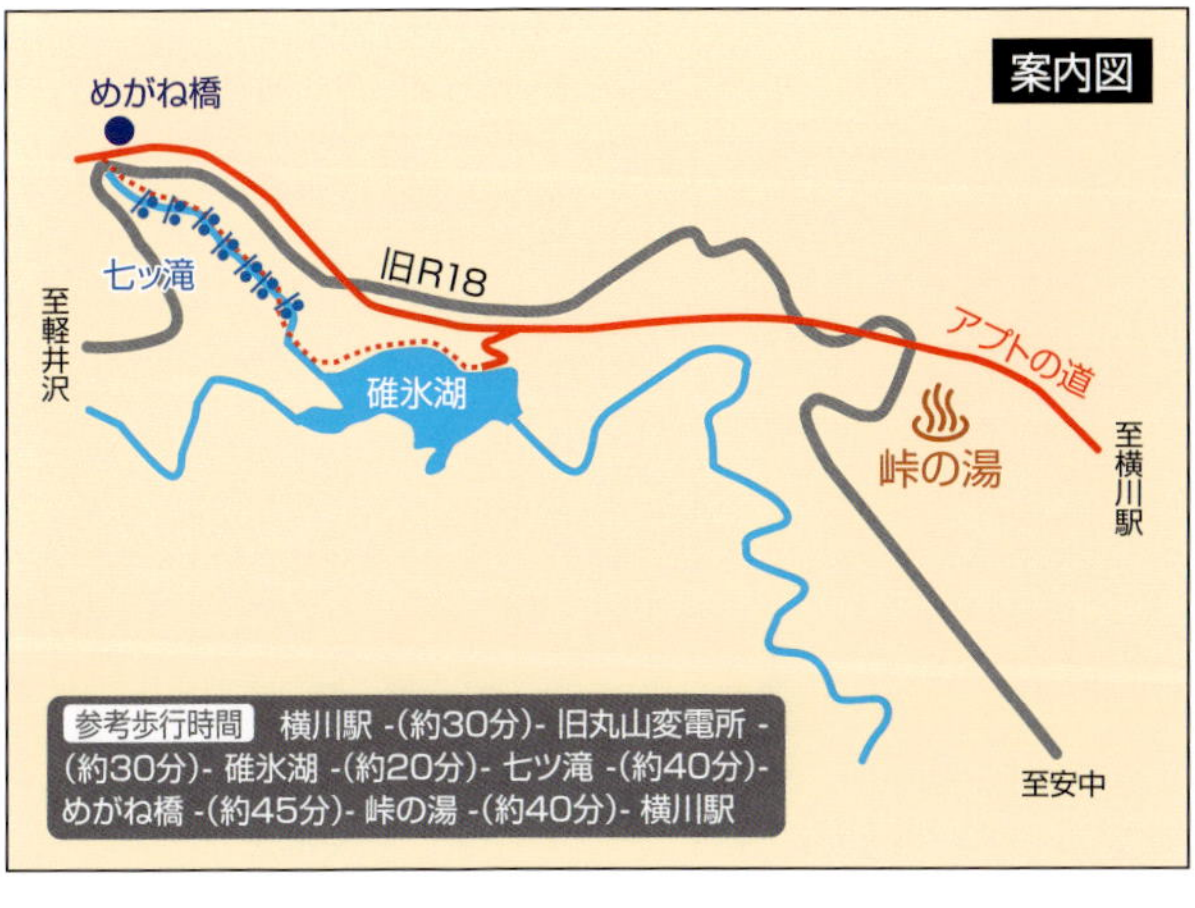

小尾瀬と呼ばれる絶景の湿原から名水を訪ねて

11 赤城山覚満淵《かくまんぶち》～御神水

1周約1㎞・往復約600m ● 前橋市・桐生市

前橋駅から直行バスで一本。小尾瀬とも呼ばれる湿原を歩き、赤城山麓に湧く名水を訪ねた。「アカギ」の語源ともいわれる〝アカのギ〟とは？ 高貴な水の湧くところを目指して、かつてのケーブルカー線路跡を下った。

赤城山へ直行の急行バス

直行の急行バスで赤城山へ

　両毛線「前橋駅」北口。７番バス乗り場は、すでに行列ができていた。今年（２０１０年）の5月1日から来年の３月31日まで、土・日・祝日のみ赤城山まで関越交通の急行バスが運行されることになったのだ。見れば乗客の格好は我々と同じ、リュックにトレッキングシューズ姿。さすが山好きの方たちは、情報の入手が速い。

　ほぼ満席のバスは、次の「中央前橋駅」に止まっただけで、通常バス路線の停留所を飛ばして、ノンストップで畜産試験場入口まで走り続けた。ここからは乗降者のいるバス停のみに止まった。「箕輪」バス停では、半分くらいの乗客が降りた。ここは鍋割山《なべわりやま》や荒山《あらやま》へ向かう人気の登山口。僕にとっても、子供たちが小さいころ何度となく登ったことのある思い出の場所だ。

　思えば、バスで赤城山へ行くのは小学4年生以来のこと。父親と地蔵岳を登った記憶がある。40数年ぶりということになる。その後、父が運転免許を取り、我が家にもマイカー時代が訪れた。なんとも感慨深い思いで、車窓に広がる新緑の森を眺めていた。「前橋駅」を出てから約1時間で、終点の赤城山ビジターセンターに着いた。

ケーブルカーの線路跡を下る

　ビジターセンターは、赤城山の生い立ちをはじめ、地形や地質、生息する動植物をビデオや標本ジオラマなどを使って紹介している施設。レストハウスも併設されているので、休憩や食事をするのに便利だ。センターの目の前が、覚満淵入り口である。

　覚満淵は周囲５００ｍの小さな沼で、沼のまわりは湿原になっていることから小尾瀬とも呼ばれている。初夏の風が湖面を波立たせながら通り過ぎて行く。雲ひとつない蒼穹を映して、青々と光り輝いている。新緑の地蔵岳、駒ヶ岳と相まっ

覚満淵を周回する木道

ケーブルカー線路跡

て絶景を織りなしていた。

木道を歩き、沼を半周したところで鳥居峠へ出た。現在はレストハウスになっているが、以前はケーブルカーの山頂駅があったところだ。昭和32年に旧黒保根村の利平茶屋を結んで開通したが、モータリゼーションの発達により昭和42年には廃止されてしまった。たった10年間しか運行しなかったことになる。幻の昭和遺産といってもいいだろう。

目指す御神水は、ここからケーブルカーの線路跡に沿って石段を下る。わずか３００ｍの距離だが、急勾配の石段を８００段ほど下らなくてはならない。その角度たるや転んだら最後、真っ逆さまに地の果てまで転がり続けそう。お年寄りや小さな子供には、あまりお勧めできないコースである。

神の水にて腹の底から清めたり

ひざがクスクスと笑い出したころ、小屋掛けされた御神水の湧く水場に着いた。「美人の水」「御神水」「智慧の水」と書かれた3本の竹筒から、水がほとばしり出ている。

さっそく旅装を解いて、カメラマン氏が持参したウイスキーをカップにそそぎ、御神水で水割りを作った。これが本

「アカギ」の語源となった湧き水

日のメーンイベント、目的である。のど越しをサラリと過ぎて、すきっ腹に流れ落ちると、カーッと胃の底から活力がみなぎり湧いてきた。多くのミネラルを含むこの御神水は、胃腸障害、肝臓病に効くといわれる薬水である。

一説によれば、赤城の「アカ」は仏教語の「閼伽《あか》」から来たもので、特に仏や貴賓に献上する水のことを意味しているという。そして「ギ」は「うつわ」を意味し、赤城の語源は「閼伽を入れる器」ということになる。高貴な水の湧くところだったのである。

水割りを飲み過ぎて、とてもではないが急登の石段を上がることはできない。倍の時間がかかるが、復路は左の尾根を巻く道を登ることにした。

帰りのバスは急行でなく、「富士見温泉行き」に乗車。ビジターセンターのバス停には、次の富士見温泉から「前橋駅行き」のバス時刻が書かれていた。なんと親切なバス会社だろう。これで安心して、湯上がりのビールが楽しめるというものだ。

バスの便が良い。富士見温泉「見晴らしの湯」

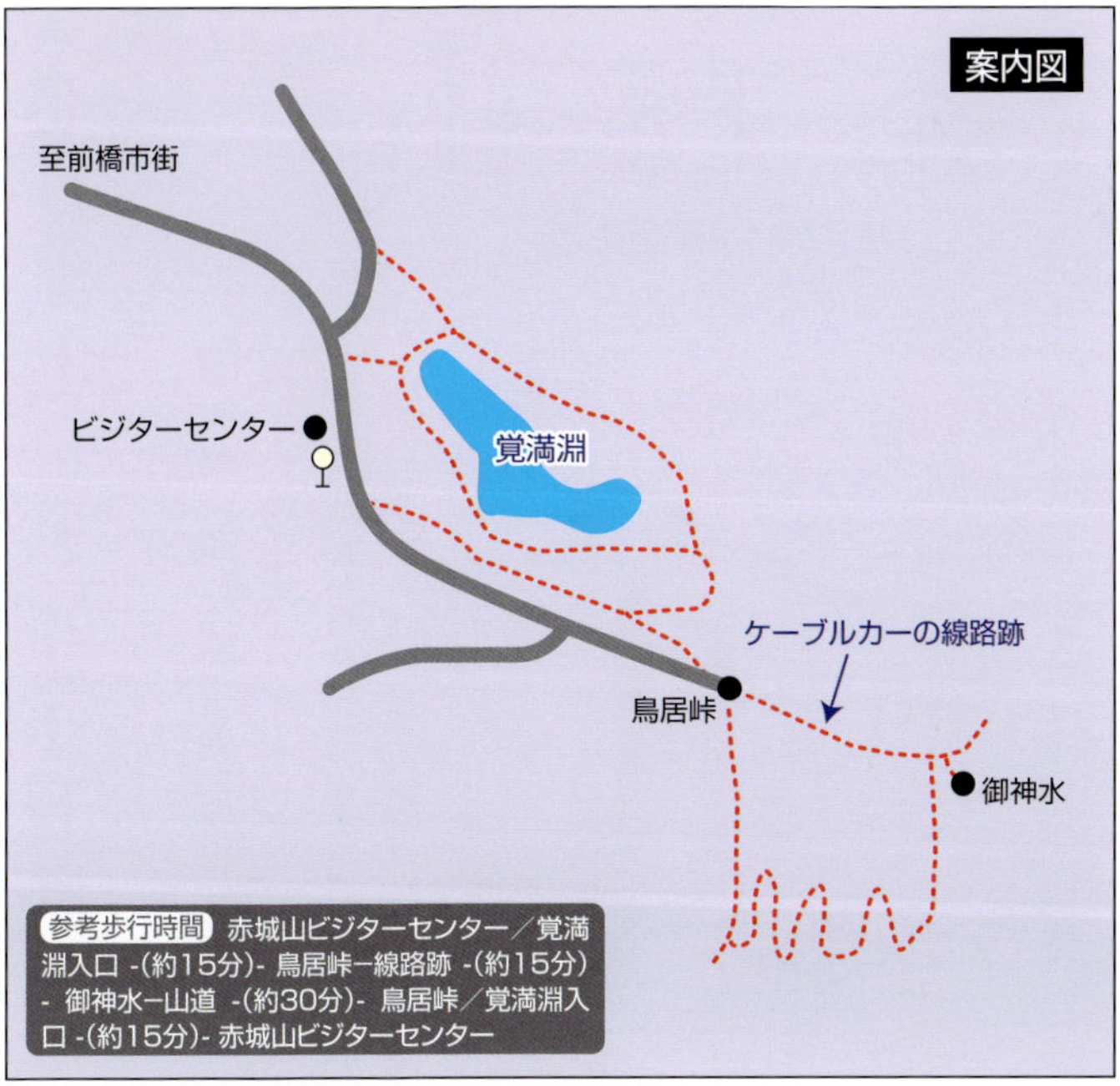

尾根歩きが楽しい八王子丘陵

12

茶臼山《ちゃうすやま》

標高294m● 桐生市

岩宿駅

主峰・茶臼山と東西に尾根をのばす八王子丘陵を歩くハイキングコースは、低山ながら素晴らしい眺望を楽しめる。登山道の要所には標識が整備され、家族連れや初心者でも安心して歩ける手軽な里山だ。

落ち葉を踏みしめ歩く尾根道

両毛線「岩宿駅」で、電車を降りた。これから向かう登山口は東武桐生線「阿左美駅」からが近いが、高崎方面からだとJRとのつなぎが悪過ぎる。地図を広げてみれば、「岩宿駅」からでも歩けない距離ではない。ということで、意を決して岩宿駅から歩き出すことにした。

国道50号を渡り、住宅街を抜ける。見知らぬ町を歩くのも、里山ハイクの楽しみの一つだ。わずか25分で、本来のスタート地点「阿左美駅」を通過した。

登山口は跨線橋を下りた笠懸東小学校の前。いくつもある登山口の一番西から登り出す。児童が付けたと思われる標識が、道案内をしてくれる。学校の目の前に自然豊かな里山があるとは、うらやましい限りだ。いかにも子供たちが喜びそうなクサリ場が設けられているが、直登は避けて巻き道をたどった。

尾根道は枯れ葉のつもる雑木林。カサコソと踏みしめながら歩く。キンコンカンコ〜ンと、始業を知らせるチャイムの音が後方から聞こえてくる。なんとも、のどかな里山情緒を感じる。

カタクリの群生地を過ぎると、ひと登りで最初のピーク荒神山（218m）に到着。山頂は広く、石祠と山名標がある。北東側の展望があり、これから向かう茶臼山が見えた。

枯れ葉のつもる尾根道

コース一番の急坂を登りきれば

ここからはクマザサに囲まれた、幅広の尾根道がつづく。アップダウンが少なく、家族連れで歩いたら、さぞかし楽しいことだろう。薮塚方面への下り口を過ぎると、南側を延々とつづくフェンスにさえぎられる。「敷地内、猛犬放し飼い」の文字が！　もしかして個人の私有地？

それにしても広い。赤松林と芝生の庭園には、ログハウス風の建造物としょう洒な洋館が見える。ウサギ小屋住まいの我が身と比べて、こんなところで格差社会を実感してしまった。

気を取り直して、一路山頂を目指す。やがて右・薮塚方面、左・岡の上団地の標識のある黒石峠へ。目の前には急な坂道がのびている。コースで一番のきつい上り坂だ。息を切らして、一気に標高を

山頂は北西の眺めが素晴らしい

かせぎ、桐生市基準点のある241mのピークへ。

　東西に連なるこの細長い尾根は、みどり市と桐生市と太田市の境界線でもある。時おり視界が開け、北側に桐生市街地が、南側に旧藪塚本町の町並みや眼下の東毛少年自然の家が見渡せる。

　もう一度、急坂を登りきると、そこが茶臼山への分岐となる「姥沢の頭」だ。以前はここが八王子山といわれていたようだが（今でも、そう書かれているガイドブックがあるが）、どうもそれは誤りで本当の八王子山は、もっと東にあるとのことだ。

　ここから主峰・茶臼山は指呼の間。手をのばせば届きそうなところに、ニョキニョキと電波塔の建つ山頂が見える。

ぐるり360度パノラマ展望

いったん鞍部（尾根のくぼみ）へ下り、階段状の道を登りきれば頂上だ。ど真ん

史跡岩宿遺跡遺構保護観察施設（岩宿ドーム）

中に巨大な電波施設があるのはいただけないが、ぐるりと建物をまわると360度のパノラマが楽しめる。とりわけ石祠と案内板のある北西の眺めが素晴らしい。

あいにくこの日は曇天で、遠方の山々までは望めなかったが、阿左美沼の向こうに赤城山が、渡良瀬川越しに吾妻山から鳴神山への山塊が見渡せた。残念なことに、東を眺めると尾根伝いの山肌が削り取られていて、見るも無残な姿をさらけ出していた。開発の波が、わずかに残された里山の自然を蚕食《さんしょく》していく光景に、胸が痛くなった。

帰路は鞍部までもどり、一木口方面へ下ることにした。尾根道に比べると幅も広く、とても歩きやすいなだらかな下り坂がつづく。やがて樹徳高校のグラウンド脇を抜けて、国道50号へ出た。交通量の多い道路を歩くのは避けたい。なるべく住宅街に入り込み、桐生競艇場のある阿左美沼のほとりを通って、今朝降り立った「岩宿駅」へ。

駅舎に寄り、帰りの電車の時刻をチェック。そして、また歩き出す。目指すは、もちろん近くの温泉施設「かたくりの湯」だ。今回も、お約束の湯上がりビールで旅をしめくくることにした。

13 桐生観音山《きりゅうかんのんやま》

標高308m● 桐生市

市街地を一望するハイキングコース

桐生市郊外にある観音山は、ハイキングコースが整備され、市民の身近な散策路として親しまれている里山だ。低山ながらいくつものピークを越え、それぞれに展開する眺望が素晴らしい。街中散歩を楽しみながら、駅からゆっくりと山頂を目指したい。

駅から街中を抜けて

桐生川から山容を望む

コンビニに寄れる手軽さがいい

両毛線「桐生駅」に降り立つのは、1年4カ月ぶりだ。前回は、わたらせ渓谷鐵道に乗り換えたが、今回は駅より市街地を抜けて、東の丘陵を目指す。

広末通りから本町通りへ。平日のこの時間、サラリーマンの姿は見かけても、登山靴にリュック姿の人間は、我々くらいのものだ。毎度のことらしいが、相棒のカメラマン氏は「今日はお休みですか?」と、近所の婦人に声をかけられるらしい。「仕事なんですよ」と返すときの、彼の誇らしげな顔が目に浮かぶ。

途中、コンビニに寄って、昼食と酒のつまみを仕入れた。里山歩きの魅力は、この手軽さにある。街の続きに、登る山があるのだ。本町三丁目の信号を曲がり、桐生川を渡れば、そこが登山口である。

車の場合は、この先の泉龍院という寺の駐車場からのスタートとなるが、丘陵を縦走するので西端の文昌寺から登り出した。一昨日降った、まさかの大雪が解けずに残っている。しかし、この日は気温も上がり、快晴のハイキング日和となった。よって、登山道はぬかるみ状態。雪と泥に足をとられながらの山行が始まった。

月の丘から観覧車が見えた

ものの15分ほどで最初のピーク、ガッチン山へ出た。巨石がいくつも連なる岩峰からは、桐生市街を一望する絶景が広がった。対峙《たいじ》する吾妻山の中腹に観覧車が見える。桐生が岡遊園地だ。子供たちが小さい頃、何度も遊びに連れて来たことを思い出した。

それにしてもガッチン山とは、おかしな名前である。漢字では「月陳山」と書くらしい。〝陳〟という字は「つらねる」という意味があり、もとは丘の名を表し

ガッチン山からの眺め

た漢字だ。昔の人は、月を眺めにこの丘に登ったのかもしれない。そう思うと、なんとも風流な名前である。

ガッチン山を下りると、コース最大の急登が待っていた。岩肌を縫うように張られたロープを頼りによじ登ると、やがて明るい日だまりの広場へ出た。松の大木の根元に、雨乞い、雷除けの雷電様の祠が祀られている。地元では、このあたりを雷電山と呼んでいるらしい。さらに、ゆるやかな坂道を上がると、丘陵の最高峰、観音山の頂に着いた。

南方は木々に囲まれていたが、北と東の展望が開けた。ここで昼食にしたかったが、一面積雪で腰を降ろせる場所がない。仕方なくあきらめて、東方へ下ることにした。小さなピークを越えると、ゆるやかな尾根へ出た。三等三角点のある「中尾根」と呼ばれる所で、なんとも微笑ましい顔だちの寝釈迦像が横たわっている。ここから南へ尾根道を下り、雪のない日当たりの良い場所を探して、昼食にした。

中尾根の寝釈迦像

県境を越えて褐色の湯につかる

ゆるやかな尾根を下ると、やがて東のハイキングコース登山口（泉龍院入口）に出た。ここからは、車道を歩くことになる。

小俣駅ホーム

県道227号線を東へ東へと、ただひたすらに歩き続けた。約1時間後、栃木県足利市へ入った。歩いて県境を越えるのは、このシリーズで2度目だ。2年前に、旧鬼石町から埼玉県神川町へ県境越えをしたことがあったが、今回の方が断然、歩行距離が長い。どうしてそんなにも歩き続けるのかといえば、お約束の温泉探しに他ならない。

さらに歩くこと約40分、やっと目的の足利温泉に、たどり着いた。地蔵の湯「東葉館」は、明治創業の老舗旅館。日帰り入浴もできると聞いていたので、以前から、ぜひ一度訪ねてみたいと思っていた。

庭内に湧出する温泉は、鉄分の含有量が多い赤褐色の湯。酷使した足と疲れ切った体が、湯舟の中へ溶け込んで行くようだ。女将がついでくれた湯上がりの生ビールを口にした途端、本当に身も心もとろけてしまった。ああ、今日はここに泊まってしまいたいが、そうもいかない。

ふたたび旅支度を整えて、「小俣駅」へ向かって歩き出した。

駅から手軽に登れる神話の山

14

荒神山《こうじんやま》

標高624m● 桐生市・みどり市

温泉のある駅として知られる、わたらせ渓谷鐵道「水沼駅」に降り立つと、背後になだらかな曲線を描くやさしい表情をした里山が迎えてくれる。深まる秋の景色を楽しみながら、ゆっくりと歩きたいハイキングコースだ。

桐生駅１番線

人気のローカル線に乗って

平日だというのに、始発の「桐生駅」からすでに車内は満員だ。さすが雑誌やテレビの旅番組に頻繁に登場する人気のローカル線である。見渡せば、すべて中高年ばかり。向かいの婦人グループは、「どこへ行くという目的もなく、紅葉を見に乗り込んだ」という。この時期（11月）は、名物のトロッコ列車も1日1往復（木曜運休）運行している。

「水沼駅」までは、約30分の乗車。温泉センターが併設されているため、一見駅舎は立派に見えるが、実はホームだけの無人駅である。下山後のひと風呂を楽しみに、秋晴れの青空の下、意気揚々と歩き出した。

ホーム脇の踏切から、平成13年に完成した「くろほね大橋」を渡れば、登山口までの道程はかなり短縮されるが、そちらのコースは復路に利用するとして、まずは駅前の信号を右へ国道沿いに歩き出した。しばらくすると「荒神山展望台」の道標がある。右に下り、渡良瀬川を渡る。真っ赤な欄干が渓谷に映える「五月橋」の上からの眺めは絶景だ。濃緑色のゆるやかな流れが、まるで湖沼のように美しい。

神が荒れる山の不思議な話

道標にしたがい、２つ目の分岐を２００ｍほど行ったところに「遊歩道入口」の標識がある。登山口は2カ所あり、どちらから登ってもかまわないが、こちらは急登が続くので、下山に利用することにした。駅から歩き出して約50分、駐車場のあるもう一つの登山口に着いた。

舗装された林道を登ること約20分、荒神山随一のビュースポット、展望台に到着。西側の眺望が素晴らしい。赤城山から栗生山《くりゅうさん》、袈裟丸山《けさまるやま》まで、視界に納まりきらない大パノラマは、ため息をつくほど。双眼鏡を取り出して、しばし眺望を楽しんだ。

山頂広場には神社が祀られていた。小

五月橋からの絶景

大パノラマの展望台

さな社があるだけだが、果物が供えられている。信仰の山として、いまでも参拝者が訪れている証拠だ。この山には、こんな不思議な話が伝えられている。

　今から40年ほど前のこと。荒神山のふもとの村の出身で、東京で暮らしていた人の息子が、あるとき原因不明の高熱を出して寝込んでしまった。医者に診てもらっても治らないため、祈祷師に相談すると「荒神山に祀られている神様が、逆さになっている」と言われた。すぐに荒神山に登り、神様を見てみると、本当に逆さまになっていたという。

　神様を元通りに直して、お参りをして帰ると、息子の熱は下がっていたとのことだ。

登った山を眺めながら入浴

　三角点のある山頂へは、広場からほんのひと登り。山名板が立っているが、うっ蒼とした木々に囲まれていて、展望はない。少し先の尾根まで歩くと、日当たりの良いなだらかな斜面があったので、そこで昼食にした。

　このシリーズでは、同行のカメラマン氏と毎回いい汗をかいて、温泉で汗を流し、その都度下山祝いと称して祝杯をあげている。ところが、下山を待てないのが酒好きの悲しいサガである。たいがいは登頂の時点で、どちらかが酒を持ち出す。前回は僕の誕生日ということもあり、氏が冷酒を持参してくれた。ならば今回は僕からのお返しである。とかなんとか

参拝者が訪れる信仰の山

理由をつけて、軽く始まってしまうのが常である。

　とは言っても山は上りより、下りの方が危険度が高い。低山でも油断は禁物である。乾杯程度できりあげて、復路につくことにした。

　広場から西へ下りる遊歩道に入る。ご丁寧にも「帰り道」の道標が立っている。いきなり急勾配となる。くねくねとつづら折りに下るが、かなりの傾斜だ。コース右側には、危険防止の柵がつづいている。あえて「帰り道」と出ていたのにも納得である。低山とはいえ、駅から山頂までの標高差は約400mあるのだ。往路だったら、かなりキツかったと思う。車道へたどり着くころには、見事にヒザが笑っていた。

　帰りは「くろほね大橋」を渡り、そのまま駅の中の温泉「すっぴん美人の湯」へ直行！　湯舟の中から、お椀を伏せたようになだらかな曲線を描く荒神山が見える。ついさっきまで、あの山の頂にいたのだ。登ってきた山を眺めながら温泉に入れるなんて、なんと至福なことか。

　そして、湯上がりの一杯……。これだから公共交通機関で行く山登りは、やめられない。

のどかな駅までの道

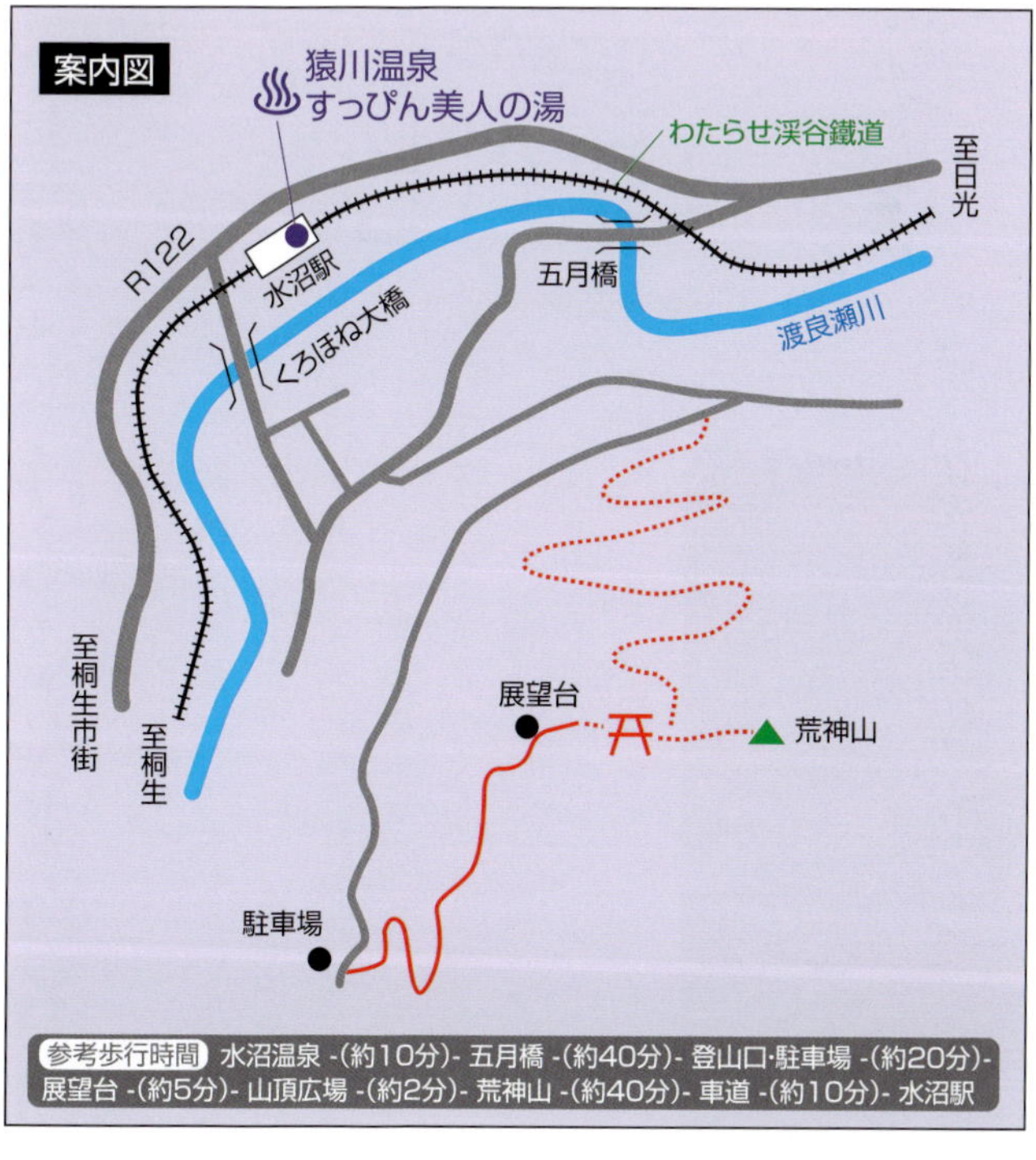

駅から手軽に歩けるぐんま百名山

15

こうしんやま

庚申山

標高189m● 藤岡市

藤岡市民の憩いの場として親しまれている「庚申山総合公園」。遊園地や動物園、スポーツ施設などが整備されているが、マイカーで遊びに行ったことはあっても、駅から山頂を目指す人は少ない。ゆっくり時間をかけて、一度は歩いてみたい里山コースだ。

藤の丘トンネルの上からの眺め

みかぼみらい館

登山口まで朝の街を散歩する

八高線「群馬藤岡駅」に降り立つのは、このシリーズで4回目となる。そして毎回、駅前からバスに乗り換えていた。今回もバス路線はあるが、登山口のある「庚申山総合公園」までは大した距離ではない。バスの時間を待たずに、そのまま駅前通りを歩き出した。

時間はまだ午前10時前、商店主たちが店頭の掃除や開店の準備をする姿を横目で眺めながら、朝の街を通り抜ける。途中、諏訪神社に立ち寄ると、境内でダルマや正月飾りをお焚き上げする光景に出合った。思えば、今年最初の里山ハイクである。今年一年の山行の無事を祈願して、お参りをした。

国道254号へ出て西へ。墓地の下を抜ける「藤の丘トンネル」をくぐる。歩いて通るのは初めてだが、トンネル内は明るく、歩道も広く、とても歩きやすい。やがて、公園の玄関口となる文化施設「みかぼみらい館」に着いた。トイレを借りたり、パンフレットを入手するのに便利である。

駐車場の奥から数分のところに、上毛かるたで馴染みの和算の大家「関孝和先生」の墓があるというので行ってみた。するとそこは、先ほどくぐったトンネルの上の墓地だった。まさか墓の下を車が往来するようになるとは、さぞかし孝和先生も驚かれていることだろう。

武州の山々を眺める尾根歩き

庚申山の山頂へは、いくつかのルートがある。公園内を抜けて、男坂、女坂と呼ばれる石段で直登するのが一般的だ

が、今回は愛宕山—さくら山とつづく稜線沿いを歩くことにした。登山口は、テニスコートや多目的広場を過ぎた市民体育館の脇から始まる。わずか数分で尾根へ出た。藤岡市の市の花「藤」にちなんだ藤棚が、尾根道に続いている。花どきは、さぞかし見事だろう。

民家と畑の脇を抜ける

さくら山（163m）山頂手前で、展望台のある広場に出た。まだ子供たちが小さかった頃、家族で遊んだ記憶がよみがえってきた。あの頃は、てっきりここが庚申山だとばかり思い込んでいたことに、この日初めて気がついた。

さくら山の尾根から東へ下り、民家と畑の脇を抜ける。突如として東南の景色が開け、神流川をはさんで、鬼石の町と埼玉県側の山並みを見渡す絶景パノラマが広がった。かつて訪ねた御嶽山や桜山が望め、しばしカメラマン氏と思い出話に花が咲いた。

庚申山山頂へは、いったん車道を横切り、女坂をひと登り。あずま屋や展望台、トイレが整備された広場に、「ぐんま百名山　庚申山」と書かれた山名板が誇らしげに立っていた。

里山はアプローチが楽しい

展望台の上層からは上毛三山をはじめ、北西の山々が見渡せた。上越国境の山は、雪雲に覆われている。吹きすさぶ空っ風に冷えきった体を、今回もカメラマン氏が作ってくれた焼酎のお湯割りが、腹の底から温めてくれた。

庚申山の標高は200mに満たない、

埼玉の山並みを見渡す

南方から見た庚申山

ファミリーで手軽に登れる里山だ。それでもピークに立つ喜びはあり、それなりに満足感もある。里山の魅力は、標高の高低ではなく、駅や町からのアプローチの楽しさにある。本音を言ってしまえば、帰りの運転を気にすることなく、山頂で好きな酒が飲めるからなのだが……。さて、山頂で祝杯をあげれば、残るお約束は一つ。温泉だ！

女坂をもどり、車道を南へ下ることにした。目指すは鮎川温泉「金井の湯」。吹きっさらしの田んぼ道を西へ西へと歩いた。バス通りへ出たら南下、最寄りの停留所「金井郵便局前」を探し、帰りのバス時間をチェック（本数が少ないので要注意）してから、温泉へ向かった。

群馬県内には、まだまだ登ってみたい里山がたくさんある。湯上がりに今度は、今年のスタートを祝してジョッキを掲げた。

みたけやま

16 御嶽山

標高343m● 埼玉県神川町

上州と武州を一望する信仰の岩山

神流川をはさんだ旧鬼石町（藤岡市）の対岸にそびえる御嶽山は、山そのものが金鑚《かなさな》神社の御神体となっている信仰の山。国の重要文化財「多宝塔」や天然記念物の「鏡岩」を巡りながら、絶景の頂上を目指した。

天然記念物「鏡岩」

国指定重要文化財「多宝塔」

荘厳な境内を抜けて御神体の山へ

八高線「群馬藤岡駅」で降り立った。アツアツの缶コーヒーで一服しながら、「鬼石方面行き」のバスを待つ。早起きは慣れたが、それでも冬季の日の出前の出発は、さすがに寒さが身にしみる。

旧鬼石町の「浄法寺」バス停で下車。小学校先の信号を左折すると、すぐに県境の神流川を渡る。車道を歩くこと約30分で、金鑚神社の大鳥居に到着した。途中、歩道がなくなるので、車の往来には気をつけたい。

参道を歩き出して数分で、右手の山側に国の重要文化財に指定されている「多宝塔」が見えた。天文3年（1534）の建立という、県有数の建造物だ。しばし足を止めて、見惚れてしまうほどに、そのフォルムは美しい。

巨樹に囲まれた境内は、静寂と荘厳な雰囲気につつまれている。この神社には本殿がなく、背後の山全体が御神体なのだという。恐れ多くも、これからその御神体へ登らせていただくのである。拝殿で丁重にお参りをしてから、登山口へと向かった。

掛け値なしの360度大パノラマ

登山口は、いきなり二股に分かれる。左は「菖蒲園」、右が「鏡岩」とある。右の「句碑の道」と名付けられた登山道を行く。木のチップが敷かれた長い長い階段状の道は、フワフワしていて足に負担がかからず、とても歩きやすい。両脇には、句碑や石像が延々と並んでいる。時々立ち止まり、俳句を読みながらゆっくりと行けば、息切れをせずに登ることができる。

登り切った所に、鉄柵に囲まれた国の天然記念物「鏡岩」があった。高さ4m、幅9m、傾斜30度の一枚岩は一見、何の変哲もない普通の岩に見えるが、これが柵を回り込みながら見る角度を変えていくと……。不思議不思議、濡れた岩面は怪しく光りだし、周囲の木々を映し出すではないか！
その昔、高崎城が落城した際、火災の炎が映ったという言い伝えが残されている。
杉林を抜け、急な丸太階段をひと登りすると、ポンと明るい峠の尾根へ出た。

峠広場の石仏群

左にあずま屋があり、広場には多くの石仏が並んでいる。「展望台」は、この先すぐの岩山の頂上。慎重に登れば危険はないが、高所恐怖症には少々勇気を要するかもしれない。
スリルを味わってまで、よじ登った頂上には、掛け値なしの絶景が待っていた。文句なしの360度大パノラマだ！ 北に赤城、榛名など群馬の山々を遠望し、西に神流川の流れに沿う鬼石の町並みと奥多野の峰々を眺め、南に秩父連山が続く。東は、どこまでも関東平野が広がっている。日が沈むまで見ていても、飽きることがないと思われるほどの素晴らしい眺望である。

温泉を目指して日だまりハイク

実際の御嶽山の頂上は、あずま屋から峠へもどり、西へ5分ほど急坂を登ったところにある。山頂には小さな山名板と、ここがかつて城山であったことを示す「御嶽城本郭跡」の標柱が立っている。杉林とヤブに囲まれていて、眺望はまったくない。昼飯は岩山までもどって、絶景の〝天空レストラン〟で食べることにした。

360度大パノラマの展望台

食後は峠から、ゆっくりと石仏を眺めながら南側へ下る。すぐに明治初年まで栄えていたという法楽寺の跡地へ出た。現在は池などが配され、公園として整備されている。左へ行けば、金鑽神社へもどれるらしい。マイカーの場合は、これが一周するハイキングコースのようだ。しかし我々には、まだ、お約束の温泉と風呂上がりのビールが残っている。迷わず、右に進路をとり、神流川《かんながわ》温泉を目指した。

ここからは広い車道を、ひたすら道なりに下るだけ。まったくと言っていいほどに往来する車はなく、眼下に神流川沿いの集落を眺めながら、エンディングにふさわしい日だまりハイクを楽しんだ。

「浄法寺」バス停から歩き出して約3時間半後に、神流川《かんながわ》温泉「白寿」に到着。全国から温泉通が訪れるという茶褐色のにごり湯は、なかなかのもの。思わぬところで、濃厚な泉質の温泉に出合えたことを喜んだ。

温泉のすぐ前に、「下渡瀬」バス停がある。帰りは、ここからバスで八高線の「丹荘駅」まで行き、電車で高崎までもどることにした。

ツツジの群生を歩く知られざる名コース

17

桜《さくらやま》山

標高593m● 藤岡市

「群馬藤岡駅」バス停

旧鬼石町（藤岡市）の桜山は、国の天然記念物に指定されている冬桜で知られているが、初夏には約5000本のツツジが山肌を覆い尽くす。金丸登山口から桜山山頂を経て、弁天山までの新緑に萌える尾根歩きを楽しんだ。

リンゴ畑とミカン園を抜けて

「高崎駅」で3番線を探す。「このライン先」の白線を頼りに進むと、2番線の先に突き出した八高線のホームがあった。八高線に乗るのは学生の時以来だから、かれこれ30年ぶりになる。ディーゼル音に揺られながら、早朝の「高崎駅」を後にした。

「群馬藤岡駅」で下車。駅前から日本中央バスの「奥多野行き」に乗り込む。車では何度も通ったことのある県道前橋長瀞《ながとろ》線だが、バスの車窓から眺めるのは初めてである。「鬼石総合支所（旧鬼石町役場）」で下車し、今度は上信小型バスの上妹ヶ谷行きに乗り換える。30分近い待ち時間があったが、その間に持参した握り飯で朝食をすませた。

登山口は、「金丸」バス停を100mほど戻った橋のたもとから始まる。車道から離れ、人家が終わると、神社の赤い鳥居が見えた。今日の安全を祈願して、山道を登り出す。足元一面にチゴユリの可憐な白い花が咲き、時おりムラサキケマンの紅紫色の花が目を楽しませてくれる。

分岐に出た。直進は「久々沢経由桜山公園1・3km」、左は「桜山公園1・5km（一般向）」とある。思案の末、直進の近道を選んだ。やがてリンゴ畑とミカン園に囲まれた、日あたりの良い農道へ出た。

ツツジの花原を泳ぐように進む

リンゴとミカンが採れるなんて、なんと豊かな土地なのだろうか。張りめぐらされたイノシシ用の電気柵に触れぬよう、リンゴの花の甘い香りの中をのんびりと歩く。ふり返ると、山並みの間から鬼石の町が見下ろせる。視界を南方に移すと、埼玉県境の神山や城峰山の雄姿が……。

車道が大きくカーブする所で、先ほど分岐した道と合流。その反対側の尾根筋からふたたび、山道へ入る。桜山一帯は公園として整備されているので、山頂までの登山道は何本もある。ここからは地図を頼りに自由にコースを組むと良いだろう。で、僕が選んだコースは、標識もない荒れ道だった。倒木が多く行く手をふさぎ、ヤブがうるさい。木の階段が残っているところを見ると、かつての登山道だったようだ。でも、そこはツツジの群生の中。朱赤色や淡紅色に染まった花の

桜山山頂を望む

原を泳ぐように歩くのも、格別の楽しみがある。コース判断のミスが招いた、思わぬサプライズであった。

山道から、ポンと芝生の広場に出た。頂上は近い。目の前には延々と続く木製の階段が……。「山頂まで267段」の標識を横目に、気合を入れて登り始める。ゼイゼイと肩で息を切らしながら、あずま屋の建つ山頂へ。バス停から約1時間30分の登行だった。

稜線歩きが楽しい弁天山への道

桜の季節も過ぎ去ったゴールデンウイーク谷間の平日。山頂に人影はない。池や清流を配した日本庭園のある公園駐車場に下っても、みやげ物屋はすべてシャッターを降ろしていて、閑散としていた。「もったいない」と思う。新緑とツツジの桜山を、もっともっと歩いて欲しいものだ。

駐車場の脇から「ハイキング道入口」の道標に従い、八塩温泉方面を目指して

新緑とツツジの尾根道

弁天山からの眺め

林道を行く。小さな石仏が何体も鎮座している。比較的、新しい物のようだ。ユニークな表情に、心が和む。一旦、車道に出るが、すぐにリンゴ直売所の脇から、また林道へ。

　ここからは、気持ちのよい快適な稜線歩きが思う存分に堪能できる。枝打ちされた明るい杉林の小道、北南に眺望が開けた尾根の道、「ガンバレ坂」「ツツジ坂」「鬼の踊り場」などの名所をめぐり、やがて弁財天が祀られた弁天山山頂の展望台へ出た。３６４ｍのピークからは、上毛三山をはじめ埼玉県境の山々まで抜けるような展望が楽しめる。頂上から、ひと下りで弁天山登山口へ着いた。桜山山頂より約２時間の歩程だった。

　桜山温泉センターまでは約１㎞。もうひと歩きして、いつものように汗を流した後は、湯上がりのビールを楽しむことにした。

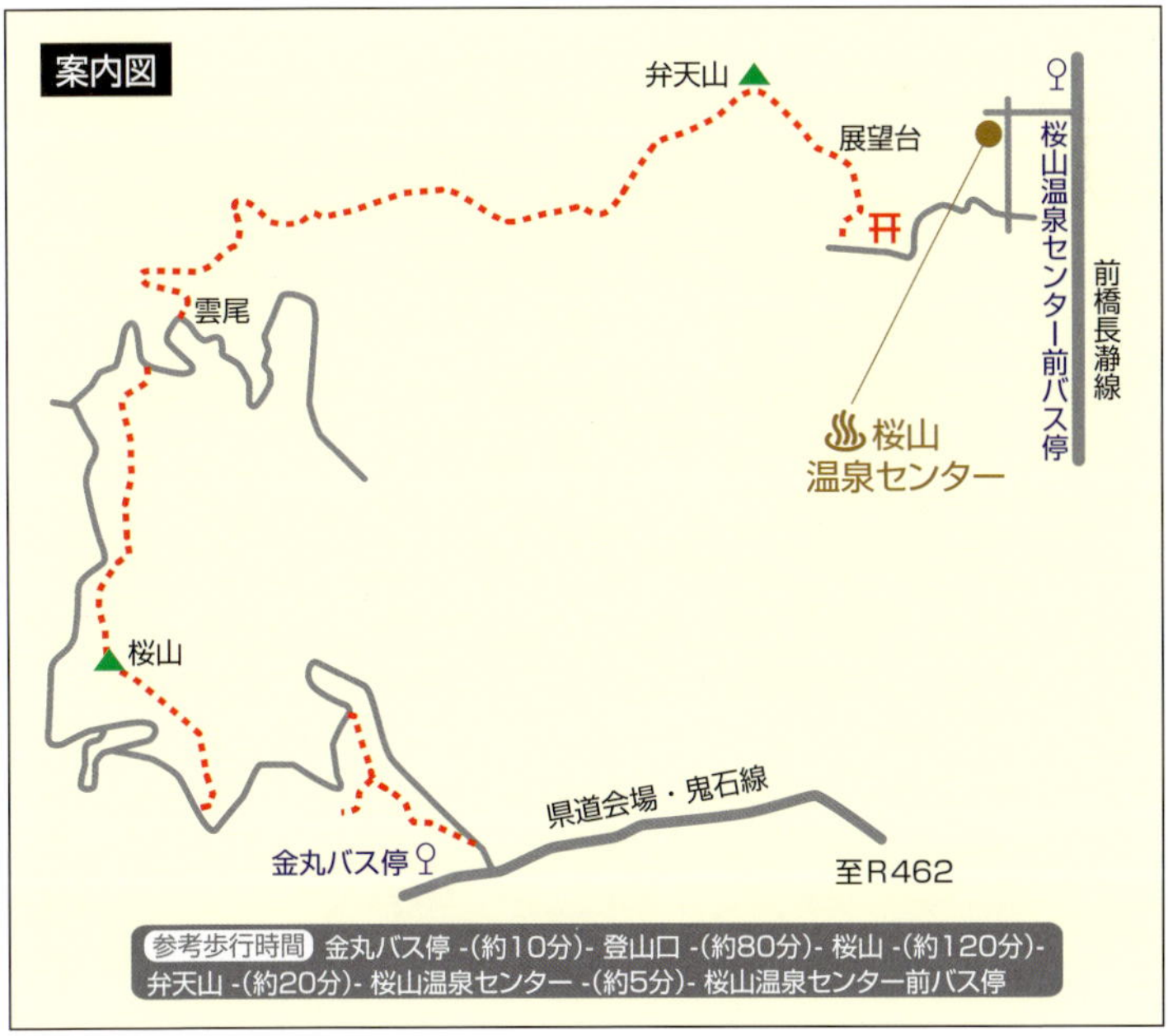

巨石と奇岩をめぐりながら河床をゆく

18 三波石峡《さんばせききょう》

約1㎞●藤岡市

橋の向こうは埼玉県

上毛かるたに「三波石と共に名高い冬桜」と詠まれる名勝、三波石峡。
国の天然記念物にも指定されている知名度の高い渓谷でありながら、その全行程を歩いた人の話はあまり耳にしない。ならばと、勇んで挑戦してみたのだが……

県境の赤い橋から渓谷が始まる

「高崎駅」より八高線に乗り、3つ目の「群馬藤岡駅」で下車。駅前より今度は、「上野村行き」のバスに乗り換える。

三波石峡は、下久保ダム直下から約1km下流の登仙橋までの間が、散策コースとなっている。橋に一番近いバス停は「今里」だ。下車すると、すぐに国道から下へ降りる道がある。あまり聞き慣れない温泉名だが、「三波石温泉入口」という看板が目印となる。

急坂を下りながら、のどかな集落のなかを歩くこと数分で県道に出る。ここにも市営のバス停があった。やがて前方に赤い橋が見えてきた。この登仙橋を渡れば、向こう岸は埼玉県である。

県道は橋を渡るが、そのまま直進をして神流川《かんながわ》沿いの市道をゆく。道路から河床へ入る下り口は6カ所ある。1番は橋の手前だが、案内板のある次の2番下り口から入ることにした。「関東ふれあいの道」の道標もあり、立派な木製の階段が整備されていた。が、どう見ても、あまり利用されているとは思えない荒廃ぶりだ。踏み板は所々損壊し、苔むしていて、雨上がりだけに滑りやすい。へっぴり腰で、河床にたどり着いた。

スフィンクスのような「猫石」

想像力を働かせて48石を探そう

三波石といえば、庭石として有名だが、江戸時代にはすでに銘石として珍重されていたという。主に神流川の支流の三波川から採れる緑色の岩石のことを、三波石と呼んでいる。

さあ、ここから「三波四十八石めぐり」が始まる。1番から48番まで、渓谷の転石には姿、形、伝説により名前が付けられているのだ。まずは1番を探す。

市道までの崖を登る

なぜか1番石は3つある。もっとも下流の左岸にあり、これが3つの波状に見えることから「三波石」と名付けられたといわれる由来の石だ。でも、見極めるのは至難の技である。とにかく石が多過ぎるのだ。それらしき3つの石を見つけ、自分なりに納得をして、散策のスタートを切った。

だが行く手は、いきなりヤブである。河床は夏草におおわれ、踏み後も判然としない。それでもヤブをかき分け進んだが、ついに巨岩にはばまれて断念!

仕方なく、いったん2番降り口に引き返し、市道を歩き3番降り口から改めて河床へ下りた。

この辺りには、3~8番石が点在している。「築山石」「竜巻石」「獅子石」など興味をそそる名が付けられているが、僕の想像力が乏しいのか、どの石がどれなのか分からない。しばらく行くと前方に、一際特徴のある石が見えた。スフィンクスのような形をしている。20番の「猫石」に違いない。

神流湖

そうこう奇岩の識別を楽しみながら歩いていると、突然道が消えた。手袋をしてヤブ漕ぎを続けるも、またもや岩壁に遮られてしまった。3番降り口にもどるには、歩程を稼ぎ過ぎている。見上げれば、頭上約10mのところに市道が見える。意を決して崖をよじ登ることにした。

ダムサイトに登り神流湖畔を周回

ふたたび4番降り口から河床へ。あずま屋があるが、やはり周辺は荒れている。25〜35番石が見渡せるビューポイントだ。一部、岩肌を横ばいするクサリ場もあるが、高度はないので危険はない。

この先、ヤブがひどくて3度目の断念！

市道にもどり上流へ進むと大きな駐車場に出た。ここに5番と6番の降り口がある。トイレや売店もあり、観光客はここに車を置いて、下の吊り橋から渓谷を眺めるように整備されている。

バス停を探して

吊り橋の上からは30〜40番台の奇岩を見下ろす。背後には、コンクリート堤日本最長を誇る巨大なダム壁が……。渓谷美との対照が、なんとも不釣り合いな光景である。

下流の登仙橋からダム直下の吊り橋まで、たかだか1㎞のコースだが、かなり難儀を強いられて、1時間半の歩程だった。

吊り橋を渡ると、そこは埼玉県。ダムサイトまでの長い上り坂を、汗をかきかき一気に登りつめた。エメラルドグリーンの湖水が、人造湖とは思えぬ美しさでたたずんでいる。振り返れば、眼下に吊り橋と三波峡の奇岩群が箱庭のように見える。

このまま湖畔をぐるりと群馬県側まで歩くことにした。国道に出たらバス停を探し、のんびりとバスが来るのを待とう。帰りは桜山温泉で途中下車して、湯上がりのビールを楽しみたい。

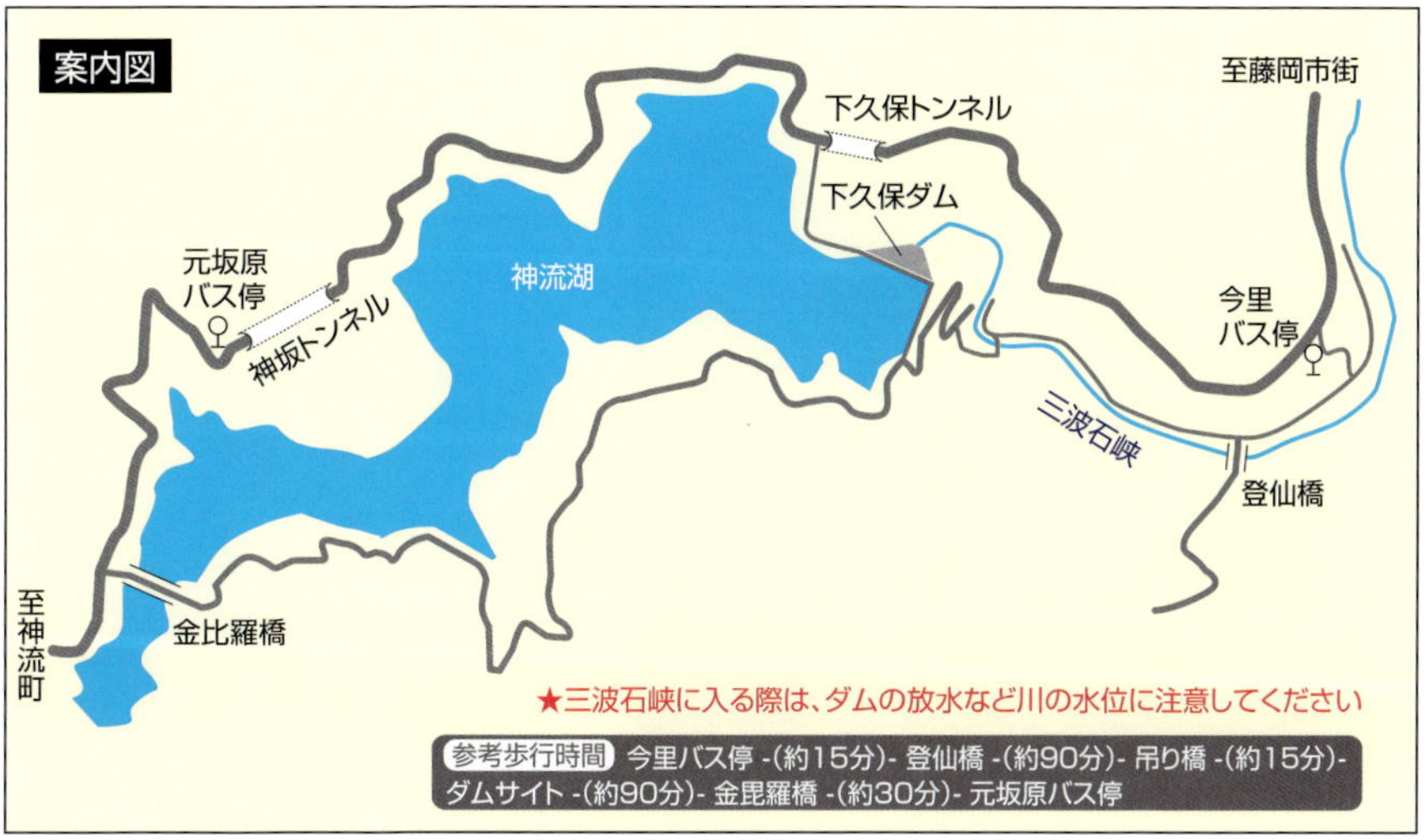

19 上城山《かみじょうやま》

標高197.7m● 高崎市山名町

城跡と古碑をめぐる丘陵ハイク

観音山の南に連なる自然豊かな山名丘陵。その丘陵を縦断する高崎自然歩道の起点となる山名八幡宮から、2つの城跡と2つの古碑をめぐるコースを歩いた。北風の冷たい時季だからこそ、日だまりをのんびり行く里山歩きが楽しい。

山名八幡宮

神社を抜けて民家の路地を行く

たまの休日、目覚めた時に晴れていると、無性に山を歩きたくなる。まして思い立ってからでも行ける身近な里山ならば、なおさらだ。それも、マイカーを使わずに過ごせたら、なんて幸せな一日になることだろうか。何はともあれリュックを背負って、駅へ向かった。

「高崎駅」0番線から、上信電鉄に乗り込む。住宅と住宅の間を縫うように走り抜ける光景は、江ノ電に似ている。やがて電車は烏川を渡り、田園風景の中へ。約10分ほどで、「山名駅」に着いた。

「山名駅」は、駅舎が神社の境内にある全国でも珍しい駅だ。石段を上り、まずはお参りをして、神社の裏山へ。ここが観音山まで約22㎞続く「高崎自然歩道」の起点。今回は山名丘陵の最高峰、上城山を目指し、根小屋駅に下りる約6㎞の「石碑の路」コースを歩くことにした。裏山には住宅団地が広がっている。いきなりアスファルトの道を行く味気ないスタートとなったが、これが不思議と楽しい。自然歩道の標識にしたがって歩くと、幼稚園の前を歩いたり、公園の中を通ったり、はたまた個人宅のブロック塀沿いの路地裏まで入り込む。やがて30分ほどで、「山ノ上の碑」の入り口に着いた。

住宅地を通る自然歩道

城跡に登り市街地を見下ろす

山ノ上の碑は「上州三碑」の1つ。ちなみにあとの2つは、上毛かるたで馴染みの旧吉井町（高崎市）にある「多胡の碑」と、このコース終点にある「金井沢の碑」である。いずれも国の特別史跡に指定されている。

長い石段を息を切らして登り、石碑の前でひと休み。尾根歩きを楽しむも数分で、山名城址（189ｍ）の広場へ。北方が開けていて、眼下に高崎市街地を見渡し、遠方に赤城山と榛名山を望む。暖冬だとはいえ、さすがに北風が抜ける頂は寒い。北の山々は、鉛色の雪雲に覆われていた。

冬枯れの雑木林に囲まれた尾根道を歩くこと、約20分。自然歩道から、ひと登りで次のピーク、望鉾山（195ｍ）に登頂。こちらは南方が開けていて、御荷鉾山から遠く秩父の山並みまでが見える。目指すは、丘陵最高峰の上城山だ。

山ノ上の碑

時折、木々の間から白衣観音が見える。

「山名駅」を出てから約1時間20分、一等三角点のある上城山の頂上に着いた。一般には根小屋城址の名で知られている里山である。山頂広場は整備されていて、立派な展望台があった。電車の中で一緒になった小学生の一群と出会う。引率の先生と共に「根小屋駅」で降りたことを思い出した。

振り返ると山肌が輝いて見えた

南斜面の日だまりを見つけて、昼食をとった。ベンチがいくつか配されていて、周りは山桜に囲まれている。よし、春になったら仲間と酒を担いで登って来よう。花見登山会、決定！　今からとっても楽しみである。意気揚々と、軽くなったリュックを背負って歩き出す。

通常のルートだと、来た道を望鉾山へ引き返すか、西のクサリ場を行くようだが、あえて北へ下りるルートを選んだ。標識はないが、しっかりとした踏み跡が竹林へと続いている。一度、車道へ下りたが、そのまま墓地のある杉林に入り込むと、荒れ野の中に「高崎自然歩道」の標識が現れた。

急登をあえぎながら尾根まで上がり振り返ると、椀を伏せたような上城山が日の光に照らされて黄金色に輝いている。小さな山だが、美しい山だ。ここからは、いくつかのアップダウンを繰り返して、約1時間で「金井沢の碑」に着いた。

帰りは、ぐるりんバスで高崎観音山温泉まで行き、のんびり湯につかることにした。ところが、根小屋駅先の県道に出たその時、タッチの差でバスをやり過ご

山頂の三角点

なんともレトロな駅舎

してしまった。時刻表を見ると、次のバスが来るまで1時間以上もある。

仕方ない。もうひと頑張りして高崎観音山温泉まで歩くとしよう。さぞかし湯上がりのビールが、うまいことだろう。

20

牛伏山《うしぶせやま》

標高490.5m● 高崎市吉井町

東西二峰の山頂から絶景を見渡す

「吉井三山」の一つ、牛伏山は昔から地元の人たちに「こんぴらやま」と呼ばれて親しまれている身近な里山。展望台のある山頂へは車でも行け、観光地として遊歩道や公園も整備されている。このシリーズでは、麓から二つの峰を西から東へ縦走した。

西峰の金比羅山を目指して

思えば、上信電鉄「吉井駅」に降り立つのは初めてだった。高崎から電車で約20分の距離なのに、改札口を抜けて駅前通りを歩き出すと、なんだかとても遠い町に来たような気分になる。

登山口のある「牛伏ドリームセンター」へは、町営バスが出ている。駅前バス停からも乗れるが、本数が少ないため役場隣の「消防署前」まで歩くことにした。こちらの方が登山口まで行くバスが多く通過するので便利である。

牛伏山の登山口はいくつかあるが、今回はドリームセンターから西へ200mほど行った北登山口からスタートすることにした。なだらかな雑木林の道は、ほどよく伐採されていて、とても歩きやすい。尾根からは、これから目指す牛伏山が見渡せる。牛が伏せている姿に似ていることから付いた山名のとおり、牛の背中のように2つの峰から成っている。東の城を模した展望台がある峰が「一郷《いちごう》山《やま》」、西の電波塔が建つ峰が「金比羅山《こんぴらやま》」だ。牛伏山の山頂は、西のピークにある。

北登山口付近

途中で車道を渡り、うっ蒼とした竹林の中を行く。時おり風に揺れて、竹と竹とがぶつかり合いカラカラと音をたてている。しばらく光の届かぬ日陰道歩きがつづいた。

やがて登山道は四つ辻に出た。左はドリームセンターへもどる道、直進も山頂へつづく登山道だが、近道をするぶん急登となる。西の尾根づたいを行く右の道を選んだ。

見晴台から吉井三山を一望

背の高い杉林の中、ゆるやかな坂道がつづく。きれいに枝打ちされた真っすぐな木々の間からは、いく筋もの陽光が降り注ぐように差し込んできて、とても気持ちがよい。林を抜けると、西が開けた

カラカラと音をたてる竹林

琴平神社

尾根道へ出た。正面に「吉井三山」の一つ、地元では「城山」の名で親しまれている「八束山《やつかやま》」が見える。

いきなり急坂となるが、ひと登りで西端のピーク「見晴台」へ出た。八束山の向こうに、もう一つの吉井三山「朝日岳」が見える。山容が女性の寝姿に似ていることから別名「多胡美人」とも呼ばれている美しい山だ。遠く荒船山から浅間山まで、西方の眺望が素晴らしい。

小休止のあと、いよいよ登頂を目指す。車道を2回横切るが、その度に傾斜がきつくなっていく。2つ目の車道から登山道への取り付きにはロープ場がある。登り切ると、さらにグイグイと標高を上げて急坂がつづく。かなり息が荒くなってきた。前方には、直登の道が一直線にのびている。このあたりがコース最大の難所か……、「もうひと頑張り！」と自分に言い聞かせながら、一歩一歩足を踏ん張ること数分で、なだらかな尾根へ飛び出た。正面にＮＨＫの電波塔が見える。その向こうのこんもりと一段高い所に、牛伏山の頂上を示す山名板が立っていた。

日当たりの良い南斜面で、昼食を取った。最近は、絶景をつまみにチョイッと日本酒をいただくのが、食後の楽しみになっている。

どこまでも広がる関東平野

山頂公園は見どころが多い。まずは金比羅山山頂の琴平神社に参拝して、鐘楼の鐘（平和の鐘）を突く。神社の下には何体もの観音像が祀られた洞窟もある。両峰の中程に形のよい赤松がそびえて

牛伏山のシンボル臥牛石像

いる。昔、この松に天狗が住んでいて、町の娘に恋をした。若者に姿を変えて牛に乗って娘に会いに行ったが、娘の心は動かない。あきらめ切れない天狗は、娘の姿を山に変えてしまったという。その山が多胡美人の名で知られる朝日岳である。

　松の脇には天狗が乗った臥牛石像が、その並びには作曲家の服部良一氏が訪れた記念に建てられた「青い山脈」の歌碑がある。

　東端に建つ、一郷山城跡の展望台からの眺めは圧巻だ。視界をさえぎるものはなく、360度の大パノラマが楽しめる。とりわけ、どこまでも広がる関東平野の眺望は素晴らしい。

展望台

　復路は東側のコースを下ることにした。第2駐車場までは車道を歩き、そこから登山道へ入ってみたものの、倒木やヤブがひどく、荒れていて難儀をした。第2駐車場からは車道を下ることをお勧めする。

　やがて湯端温泉のあるT字路へ出た。ひと風呂浴びていきたいところだが、湯端温泉は予約制なので断念し、もう少し先の吉井温泉「牛伏の湯」まで足を延ばすことにした。帰りは上信電鉄「馬庭駅」まで歩き、家路についた。

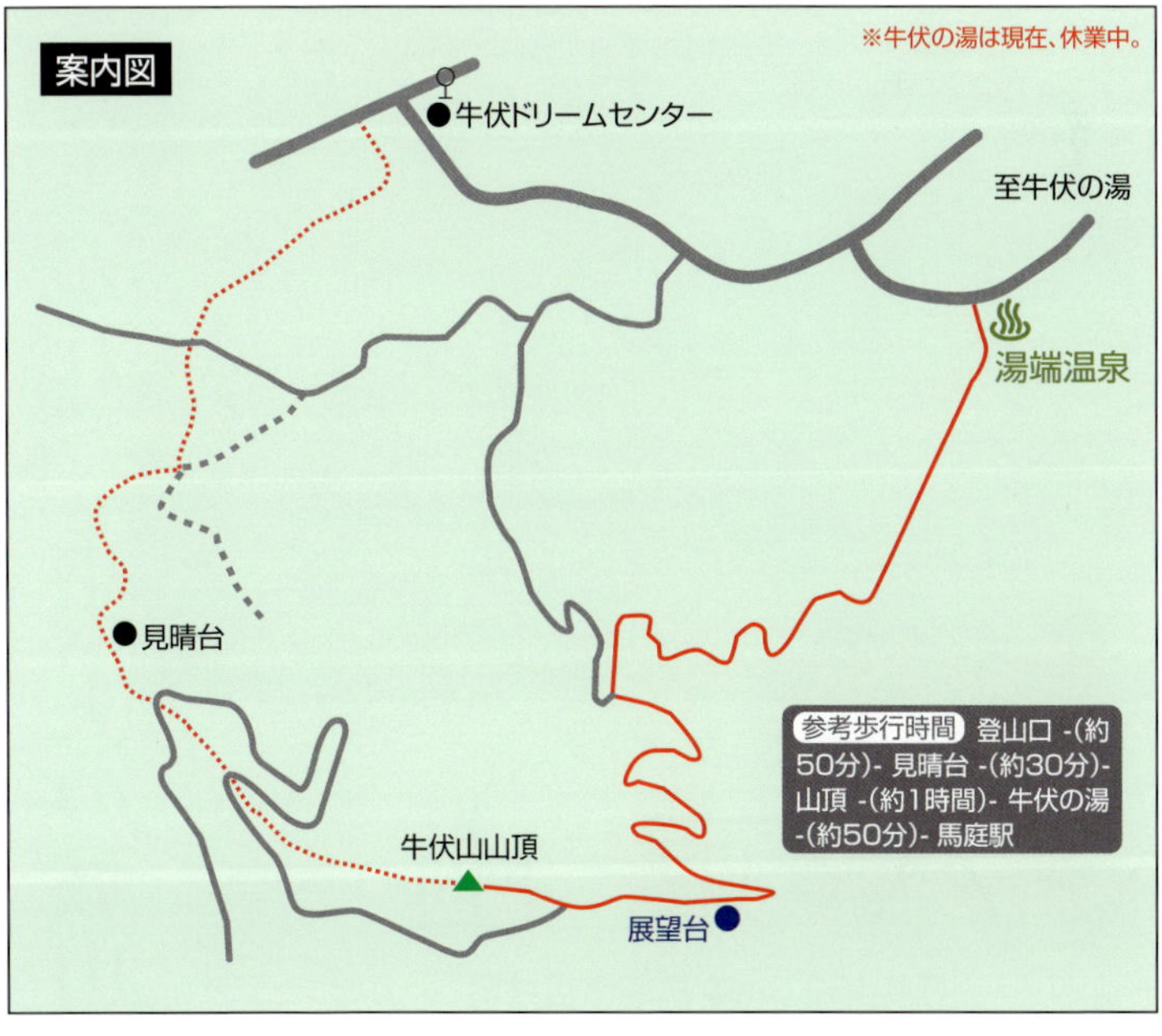

「多胡碑」に書かれた羊太夫《ひつじだゆう》の城山

21 八東山《やつかやま》

標高452.3m● 高崎市吉井町

旧吉井町（高崎市）には「吉井三山」と呼ばれる3つの山がある。その姿が牛が横になった形に似ている牛伏山、山容が女性の寝姿に似ていることから別名「多胡美人」とも言われる朝日岳、そして2つの山の中央にそびえる八束山だ。国指定特別史跡「多胡碑《たごひ》」に書かれている羊太夫の居城と伝えられていることから、地元では「城山」の名で親しまれている。

バス停はなくても登山口の前で

上信電鉄「吉井駅」に降り立つのは2度目である。牛伏山登山の時と同じく、駅前からではなく、本数の多い「消防署前」バス停まで歩いた。行き先違いのバスを見送りながら、待つこと40分。東谷方面のバスに乗り込んだ。

現在は市営だが、もとは町営のマイクロバスだ。バス停がない場所でも、家の前で手を上げた婦人を乗せていた。これが田舎のバスのいいところ。我々も登山口前で、降ろしてもらうことができた。

八束山の登山口は2つ。以前登ったことがある北側と、今回初挑戦となる西側にある。北側ルートは、塩地区から浅間山を通り、尾根伝いに山頂に至る約1・5kmの比較的なだらかなコース。一方、西側ルートは約1kmと距離が短い分、傾斜がきついため健脚向けとのこと。駐車場は北側にあるので、車の場合は西側登山口まで歩けば（約15分）、同じルートを戻らずに、縦走することができる。

登山口前で下車

大沢川を渡り、ヒノキ林を抜け、尾根道をゆく。傾斜は急だが、所々で西側の視界が開け、気持ちが良い。眼下に広がる山里の風景、正面には吉井三山の一座、朝日岳が望める。羽衣をまとったような尾根筋が美しい、「多胡美人」の名に恥じないフォルムである。

一番の難所

ロープを頼りに岩場を登れば

景観を楽しめるのも、ここまで。いよいよ、ルート一番の難所に差しかかった。直登に次ぐ直登の連続。所々、ロープが配されているので、ゆっくりと落ち着いて登れば、危険はない。

標高をかせぐにつれ、岩場が多くなってきた。高所恐怖症の身には、その都度、緊張が走る。が、ロープを頼りに丁寧に取りつけば、下から見上げていたほど傾斜はなく、難なく登り切ることができた。なだらかな里山の雰囲気を持つ北側ルートとは、同じ山とは思えないほどのスリルが楽しめるコースだ。

何度かピークと鞍部のアップダウンをくり返した後、山頂広場へ出た。頂上付近で、階段やロープが配された2本の空堀を渡った。戦国期の典型的な城山の跡である。頂上には小さな石祠と山名板があり、丸太のベンチが設置されていた。腰かけて昼食を取り出すと、ポツリポツリと雨粒が落ちてきた。今年の春は異常気象のせいで、天候が不安定である。天気予報で今日一日は曇りのはずだが、どうもはずれたようだ。そそくさと昼食を切り上げ、復路を急ぐことにした。

ひつじさまの伝説が残る尾根歩き

急登の西側ルートに比べれば、北側へ下りるコースはゆるやかな尾根歩きが存分に楽しめる。今度は東方が開け、もう一つの吉井三山、牛伏山の雄姿が視界いっぱいに広がった。北側から望む無骨な山容と異なり、シャープな稜線を描いている。時折、西方の木々の間からは、朝日岳も望めた。

山頂から15分ほどで「羊の足跡」に着いた。大きな岩にくぼみがあり、雨水がたまっている。なぜに羊？と一瞬、首をかしげるが、羊とは国の特別史跡「多胡碑」に記されている「ひつじさま」こと羊太夫のことだ。羊太夫は、身長2ｍを

超える大男で、多胡郡を治める郡司だった。たいへん足の速い馬に乗り、一日で大和朝廷（奈良県）まで行くことができたという。その彼が飛び立つ時に、蹴ってできた足跡だといわれている。目測で40㎝はある大きな足跡だ。もう片方の足跡が、名古屋にあるというのだから伝説とは面白い。

牛伏ドリームセンター

峰つづきに、台形をした小山が見える。登り切ると、そこが浅間山山頂（278m）。大きな「天狗松」が出迎えてくれた。その昔、この山に天狗が棲んでいたという言い伝えがあるらしいが、残念ながら枯れてしまっていた。

ここからは雑木林の中の道を、ひたすら下るだけ。蚕神社や虚空像様に参拝しながら、10分ほどで北側登山口へ出た。すぐに林道八束沢線に入り、途中から牛伏山登山道を下って、ひと風呂浴びに入浴施設のある牛伏ドリームセンターへ。バスの始発所なので、帰りが大変便利である。

22 天狗山《てんぐやま》

標高666.8m● 甘楽郡甘楽町

お天狗さまと呼ばれる地元信仰の山

悲しい伝説「菊女物語」が残る宝積寺《ほうしゃくじ》の東南に位置する天狗山。別名を金光山とも言い、山頂付近に白倉神社の奥宮が祀られていることから、地元では『お天狗山』と呼ばれ信仰されている。平成14年に「ぐんま百名山」に選ばれた。

上州福島駅

電車とバスを乗り継ぎ登山口へ

上信電鉄「上州福島駅」に降り立つ。小さな駅だが、のどかで人情味のある駅だ。待合室に響く女子高生たちの笑い声まで、素朴に聞こえる。駅前から乗り込んだ「那須行き」の上信ハイヤーバスも、カラフルなワゴン車で可愛い。約10分で「下轟」バス停に下車。運転手さんのはからいで、少し先の宝積寺の入口で降ろしてもらう。これが田舎のバスのいいところだ。

宝積寺は立派な寺だが、山門がないことで知られている。その昔、お菊という美しい娘が、この寺に逃げ込んだが山門が開かなかったために追手に捕まり殺されてしまった、という悲しい伝説に基づいている。その後、山門は何度建て替えても火災に遭って焼失してしまったらしい。境内には、お菊を祀った観音像が建っている。

寺の右脇の車道を行く。幅の広い道だが、延々と上りがつづく。やがて舗装が切れて林道となるが、新道の工事中のようでバラスの道が歩きづらい。旧道との分岐に「菊が池」方面を示す錆びついた古い道標が倒れている。天狗山への案内はまったくなく、少し不安になる。

林道はそのまま南に下っているが、地図によれば左の道が正しい。ここには標識がないので、注意が必要！「ぐんま百名山」に選ばれたのだから、一刻も早く登山者への配慮と整備が欲しい。

雪化粧をした浅間山を望む

鞍部からコブのような山頂へ

歩き出してから約50分後に、桜公園に着いた。東方に天狗山の尾根筋が見える。正面の道は行き止まりだが、ここからは北方の眺めが素晴らしい。赤城山、子持山、榛名山、遠くに雪を頂いた谷川連峰を見渡す。

菊が池との分岐で、やっと天狗山への道標が現れた。「お天狗山」と書かれている。地元の人たちの信仰の深さを感じ

る。いよいよ、登山道が始まる。暗い杉林の中を歩きつづけること20分、またしても道標のない分岐に出た。一見、直進が順当のように見えるが、左に入る道の木々にピンクのリボンが多数付いている。リボンを頼りに進むと、すぐに山頂を示す矢印が現れた。いきなり直登の急坂が始まった。息を切らしつつも、一気に登り詰めると鞍部に出た。細い尾根が左右につづいている。左へ行くと、コブのようにこんもりとふくらんだ小高い所が山頂だった。新旧いくつも山名板が立っている。宝積寺から1時間30分の登行だった。

周囲は雑木に囲まれているが、冬枯れの枝の間から北西の山々が望める。雪化粧をした浅間山の雄姿が際立っていた。

先程の分岐にもどり、そのまま鞍部を直進。岩肌の露呈した馬の背状の尾根を、緊張しながら渡った。地形図によれば、この辺りが690mの本当のピークのようだが、地元の人たちは頂上にはこだわらず、この山一帯を「お天狗山」と呼んでいるらしい。

お天狗さまに見送られて里宮へ

日だまりを見つけて昼食をとった後、鞍部から東側へ。落ち葉の積もった急斜面を滑るように下りると、巨岩の上に小さいながら立派な社がみえた。白倉神社の奥宮である。神楽殿もあり、赤鳥居の前には狛犬ならぬ対の天狗像が建っている。

やがて白倉川の源流に出た。ここにも

巨岩の上に建つ白倉神社奥宮

上州新屋駅

鳥居があり、湧水が祀られている。ここからは、ひたすら石ころだらけの沢歩きとなる。所々歩きづらい箇所もあるが、水音を聞きながらの徒行は楽しいものだ。途中で、岩盤の断層を横に水が流れる奇妙な滝と出合った。右から左へ斜めに落ちる滝というのも珍しい。

沢は徐々に水量を増して、渓流となり川となる。同時に登山道も川から離れ、舗装された車道となった。ポツリポツリと民家が現れ、山里の風景の中を歩く。振り返ると、天狗山の尾根つづきに藤岡市との境を連なる山脈が見える。やがて上信越自動車道の高架橋をくぐり、本日の終着地、白倉神社の里宮へたどり着いた。山頂からゆっくり下って約2時間の道程だった。ここから甘楽温泉「かんらの湯」は目と鼻の先だ。ひと風呂浴びてから、帰りは「上州新屋駅」まで、また歩くことにした。

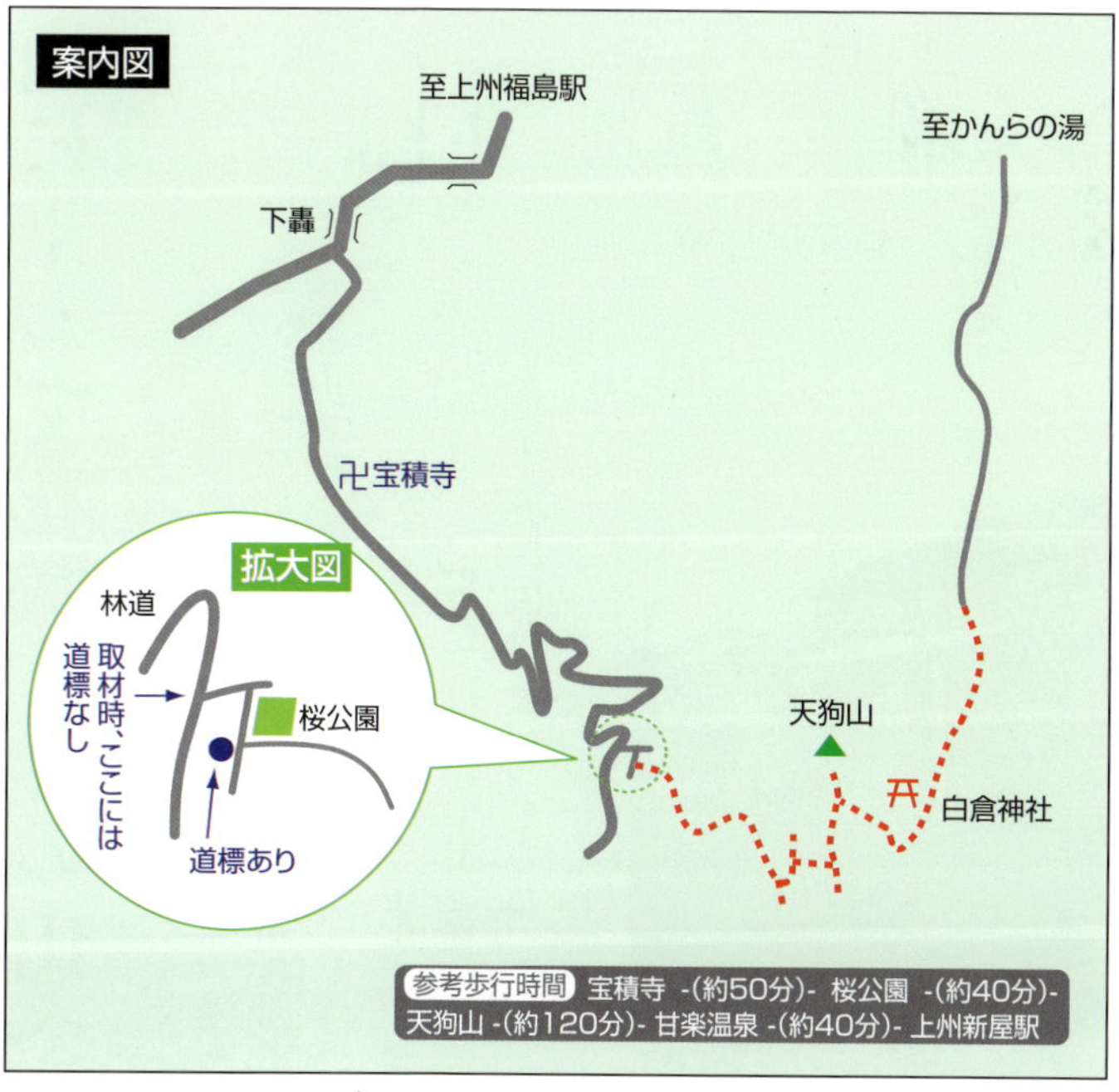

銀河鉄道に乗って花咲く春の山へ

23

かんなりやま

神成山《かんなりやま》

標高321m● 富岡市

富岡市郊外、東西に9つのピークをもつ峰々が連なっている。低山ながら西上州らしい岩壁を見せる神成山は、春のハイキングコースとして人気の里山だ。ひと足早く、絶滅危惧植物に指定されている日本翁草《にほんおきなぐさ》に会いに行ってきた。

南蛇井駅

999号に乗って出発！

巨大サボテンの家が登山口の目印

「高崎駅」0番線、上信電鉄のホームに青い車体の電車が止まっていた。銀河鉄道999《スリーナイン》号だ。日に4往復だけ走っているという電車に乗れるとは、「こいつは春から縁起がいいわいな〜」と気分上々で座席に着いた。天井にまでアニメのキャラクターが描かれているではないか。でも派手な車内には、不釣り合いな年配の乗客たちがちらほら……、これがローカル線の味と言えよう。

「上州一ノ宮駅」を過ぎると、目指す神成山の山並みが車窓いっぱいに広がり出した。山というよりは丘のような小高さ。ただ、その山容は西上州らしくゴツゴツとした岩肌を露呈している。

「南蛇井《なんじゃい》駅」の駅舎を抜けると、大きな観光案内図が立っていた。ハイキングコースをチェックして歩き出す。分岐ごとに道標が整備されているので、迷うことはない。「ホッとするなら上信電車実行委員会」の看板に導かれて、高速道路のガードをくぐり、登山口を目指す。

のどかな田園風景のなか足どりも軽く、菜の花や花大根の花が咲く小道をゆく。やがて、2階の屋根を超える大サボテンがある家の前に出た。それにしても圧巻だ。しばし、見惚れてしまう。登山道はこの家の脇を入った突き当たり、新堀神社から始まる。

西上州の山々を一望する尾根歩き

丸太の階段を登り切ると、南面が開けた岩場に飛び出た。ここからはヤセ尾根のアップダウンをくり返しながら、いくつかの小ピークをやり過ごす。北面はゆるやかな雑木林だが、南側は垂直に切り立った断崖絶壁だ。時おり展望の良い岩場が現れるので、恐る恐る突端まで行ってみるが、その都度、足がすくんだ。

正面に稲含山《いなふくみやま》、小沢岳、四ツ又山《よつまたやま》、鹿岳《かなだけ》といった西上州の名峰を一望する。西に目をやれば、高速道路の向こうにゆるやかな弧を描く大桁山《おおげたやま》の稜線と、一角獣のように岩峰を突き立てた鍬柄岳《くわがらだけ》の独特な山容が目を引く。眼下には鏑川《かぶらがわ》沿いに農地が広がり、おもちゃのような上信電鉄の電車がゆっくりと走り抜けて行った。

地元信仰の山らしく、ピークごとに社や祠がある。いくつ目かのピークには「打越の御嶽さん」と書かれた石碑が立っていた。御嶽とは、神様を拝む場所のこと。打越は北側のふもとの集落名だ。次のピークにも石祠と石灯籠が立っていて、ここにも「打越の御嶽さん」とあった。

里の方からサイレンとチャイムが聞こえてきた。時計を見ればちょうど正午である。日の当たる南面にシートを敷いて、昼食をとることにした。かたわらで三つ葉ツツジの淡い紅紫色の花が、早春の風に揺れていた。

巨大サボテンの家

春を告げる日本翁草が咲く9つの峰

ピークを下れば、また目の前に次のピークが……。この狭い山域にいったいいくつの頂があるのだろうか？

必ず北に巻く道があるので楽をしようと思えば可能なのだが、つい次が山頂かもしれないと思い、急斜面をよじ登っては息をあげた。

登山口から休憩を除いて約1時間、正真正銘の神成山山頂に着いた。どうも神成山とは、この山域の総称のようで、最高峰の頂には「下鍛冶の御嶽さん」とあった。山頂には登山者の記名帳と一緒に、地元の人が写したと思われる神成山の写

山里の風景を見下ろす

真集が置かれていた。これには「神成山九連山」と記されている。９つの山、どうりでアップダウンを何度もくり返したはずである。

　最高峰だけに、さすが眺望が良く、はじめて東側の平野部の視界が開けた。山頂はベンチが配され、整備と清掃が行き届いていて気持ちがいい。道中に「日本一きれいなハイキングコースを目指しています」の看板を目にしたが、まさに看板に偽りのない素晴らしいハイキングコースである。いかに地元の人たちが大切にしている山かがわかる。

ニホンオキナグサ

　ここからは、ひたすら下るだけだ。東端のピーク「宮崎の御嶽さん」には、地元の人たちが育てている絶滅危惧植物の「日本翁草」が、かなりの数植えられていた。ほとんどが蕾だったが、いくつか小さな花をつけていた。見頃は３月下旬から４月上旬とのこと。少し時期が早かったようである。
　里が近くなるにつれ、枝道が多くなる。途中、宇芸神社方面や神農原《かのはら》駅方面への下山道もあったが、東の登山口である富岡西中学校裏まで歩いた。
　宮崎公園を抜けて、「神農原駅」へ。帰りの電車時刻を調べて、すぐにまた国道２５４号を西へ歩き出す。温泉でないのは残念だが、とにかく汗を流したい。数分で、かぶら健康センター「かのさと」に着いた。

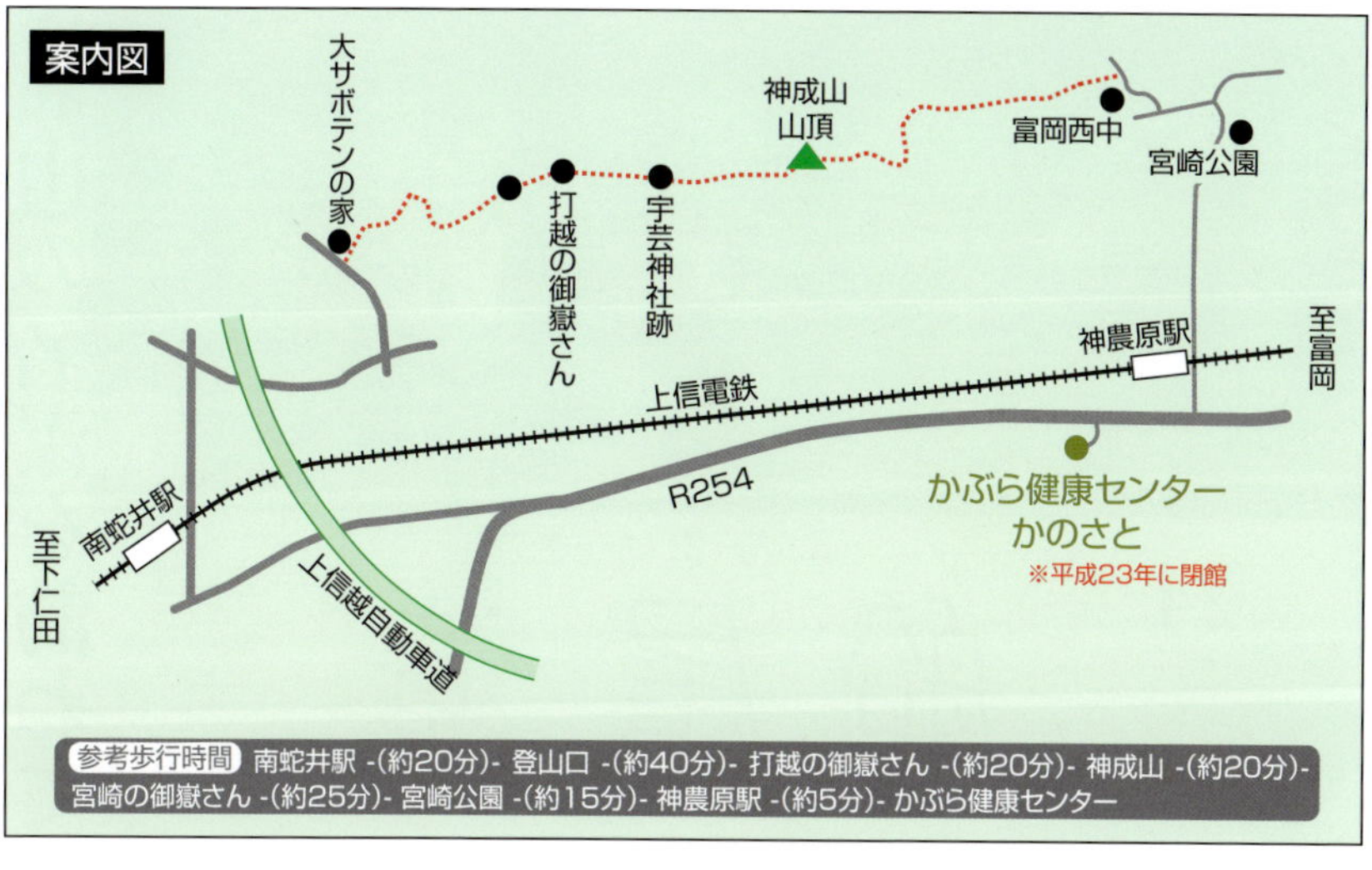

水沢観音から榛名山の名瀑を訪ねて

24

船尾滝《ふなおたき》

落差72m ● 北群馬郡吉岡町

船尾滝を初めて見た人は、必ずやその豪快さと美しさに息をのむ。榛名山中随一、県内でも屈指の名瀑である。涼を求める夏企画として、水沢観音から船尾滝をめぐるハイキングコースを歩いた。

高崎駅西口バスターミナル

小さな旅の始まりは バスに乗って

「高崎駅」西口より、伊香保温泉行きのバスに乗り込む。

船尾滝周辺は「船尾自然公園」として整備されているため、車で行ったことのある人は多いと思うが、このシリーズではマイカーに頼らず、すべて公共交通機関を利用して移動している。もちろん毎回、温泉に入るお約束も忘れてはいない。

約50分で「水沢」に下車。一つ先の「水沢観音」でもよいが、駐車場から境内に入り込むのも味気ない。折角、マイカーを持たずに来たのだ。山門から王道で参詣したい。うどん街を見下ろす急な石段を上ると、坂東十六番札所「五徳山水沢寺」の本堂に出る。水沢観世音が安置されていることから、地元では水沢観音の名で親しまれている。観光名所だけあり境内は、たくさんの参詣者で賑わっていた。ここが今回の出発点となる。

万葉植物苑へ続く急な階段の入り口に、船尾滝方面を示す標識がある。土砂崩れを知らせる貼り紙があるが、いったいいつのものか。風雨にさらされて、ヨレヨレである。広いコンクリートの道が森へ延びている。何人ものハイカーが向かって行った。どの程度の土砂崩れなのか、自分の目で見てコースを判断することにした。

水沢寺

ひと筋の白い尾を引く華麗な滝

　ほどよく間伐された杉林の道は、やわらかな日の光に満ちていて、とても気持ちがいい。2度ほど植物苑からの道と合流した後、左側が開けた山肌をトラバース（斜面を横切る）しながら進む。谷側の要所にはロープが張ってあるので、安心して歩ける。鋭角に回り込んだ沢筋で、崩落場所を発見！　貼り紙に書かれていたのは、ここのことのようだ。確かに登山道を土砂が覆っているが、すでに複数のハイカーたちが通り過ぎたようで、踏み跡による道ができている。同行したカメラマン氏は難なく渡ったが、高所恐怖症の僕は一旦沢に下りてから向かいの尾根道に登った。小さい子供連れや登山に不慣れな人は、遠回りでも引き返して車道から滝を目指すことをお勧めする。これからハイシーズンを迎えるにあたり、一日も早い復旧整備をしていただきたいものだ。

　鉄製の階段を下って小さな沢を渡ると、車道に出た。ここが車での終点駐車場となる。以前はもっと上まで車で行けたが、現在は通行止めとなっている。

　つづら折りの舗装路を、くねくねと標高を上げながら登る。時折、木々の間から遠くに、白い線を描いて落ちる美しい滝の姿が見える。「なるほど、船が通り過ぎた後にできる白い波の尾のようだ」と感心しながら眺めていたが、どうも「船尾」とは当て字のようだ。かつて、この付近一帯は神聖な地であって入山が許されなかったゆえの呼称「不入《ふにゅう》」からきているという。

　水沢観音からゆっくり歩いて約50分。断崖絶壁から豪快に落下する滝を見上げる吊り橋に着いた。

マイナスイオンをたっぷり浴びて

　確か以前来たときは滝つぼまで行けたはず……と、道を探すと橋のたもとから滝に向かって遊歩道が延びていた。ところが入り口に「注意」と書かれた看板が

林道を行くハイカーたち

船尾滝

立っている。「この先落石が多発しているため立ち入らないでください」とのことだ。でもロープやゲートによる通行止めにはなっていない。注意なのか、禁止なのか？　何とも判断しかねる曖昧な表記である。仕方なく、吊り橋からの眺めを堪能することにした。

　かれこれ10年近く前の夏のこと。まだ小学一年生だった息子と2人で、今回と同じコースをたどったことがある。小さな手を取り、川の中の石を渡って滝つぼまで登った。滝口から勢いよく飛び出した水の帯が途中の岩盤で砕け、シャワーのように降り注ぐ真下で、無邪気にはしゃいでいた幼い息子の姿がよみがえってきた。遠い夏の日の思い出である。

ハルナグラス

　あの日のように水しぶきを浴びることはないが、それでも橋の上はひんやりと涼しい。見る見るうちに汗が引いていくのがわかる。マイナスイオンをたっぷり浴びたら、お腹が空いた。途中までもどり、船尾像なる観音像の建つ整備された広場で、少し早めの昼食をとった。

　復路は、そのまま真っ直ぐ車道を県道まで下り、一路「しんとう温泉」を目指す。歩行距離約7km、船尾滝からの標高差約400mの長い長い下り道をひたすら歩いた。途中「ハルナグラス」に立ち寄り、見学がてら休憩をとり、ふたたび歩き出す。アスファルトの照り返しは厳しいが、温泉とビールのためならエンヤコラである。

　歩行時間約1時間半で、しんとう温泉「ふれあい館」へ到着。ここからは「高崎駅行き」のバスが出ている。最終の時刻を確認した後、ゆっくりと疲れた体を湯舟に沈めた。

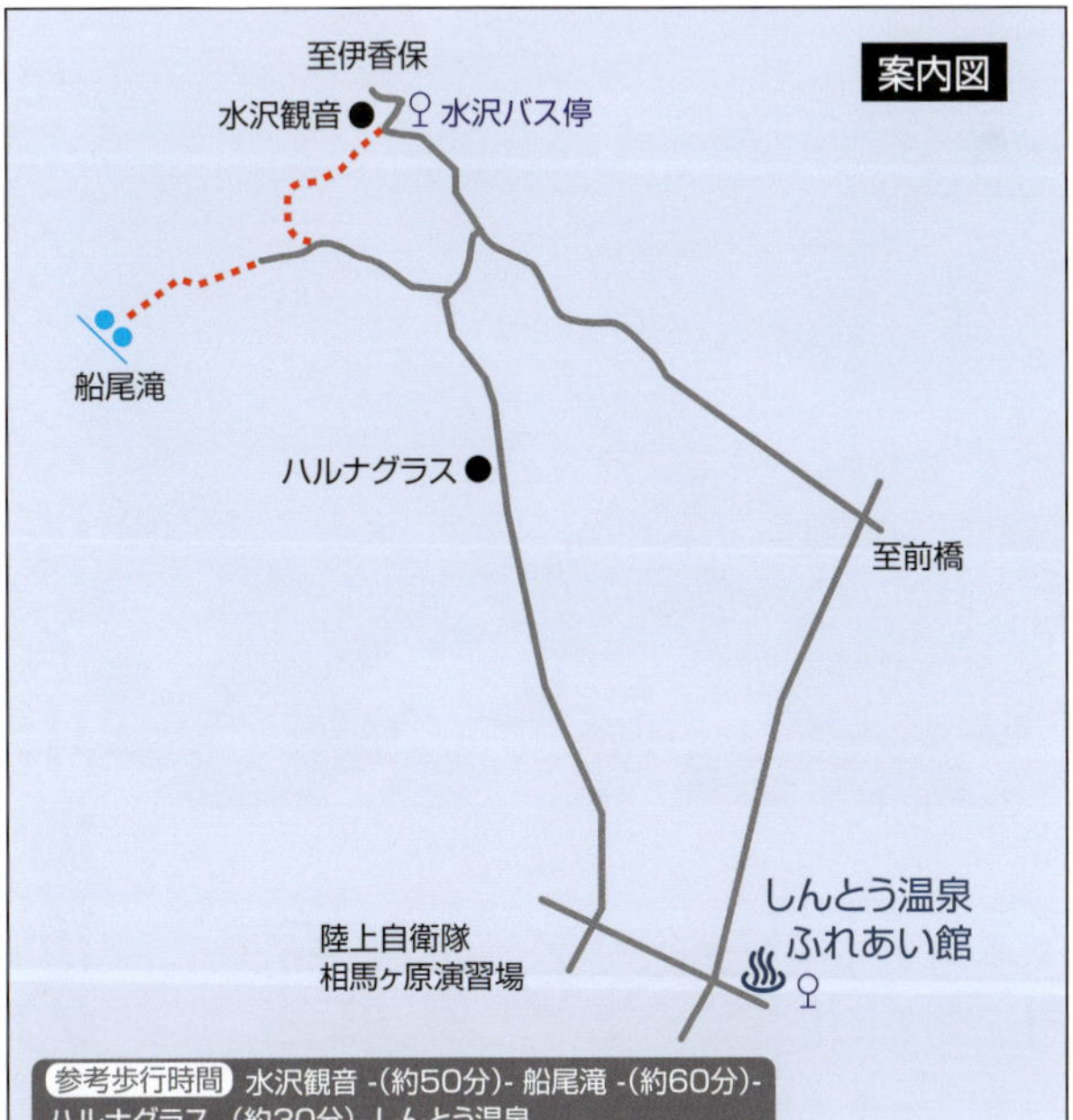

いくつもの滝をめぐる榛名川源流の旅

25 榛名湖《はるなこ》への道

約３㎞● 高崎市榛名山町

現在の県道が開通するまでは、榛名神社と榛名湖をむすぶ唯一の道だったという榛名川源流沿いの古道。いくつもの小滝と岩をはむように滑る急流美は、最後までハイカーを飽きさせない絶景のハイキングコースだ。

榛名神社参道

由緒ある神社で旅の安全祈願

毎度のことながら、「高崎駅」からの交通の便の良さには感謝している。北へ行くにも南へ行くにも、西へも東へも電車とバスが出ている。こんなに便利な街に住んでいるのなら、公共交通機関を利用しない手はない。車では決して体感できない、旅の醍醐味が味わえるのだから……。

「高崎駅」西口より、「榛名湖行き」のバスに乗り込む。約1時間で、スタート地点の榛名神社に着いた。榛名神社はお気に入りの場所で、年に何度か参拝に訪れているが、バスで来たのは初めてである。何度訪れても、参道の荘厳な雰囲気に触れると、背筋がのびる思いがする。

国の重要文化財に指定されている神幸殿から、榛名川の対岸にそそり立つ岩の割れ目を流れ落ちる「瓶子《みすず》の滝」が望める。落差約30m、榛名川の支流から水を引いて造られた人工滝とのことだが、まったくその様には見えない厳かで美しい滝だ。

鉾岩と双龍門

檜のように天を突く鉾岩を仰ぎ、龍の彫刻が見事な双龍門をくぐり、本殿へ。6世紀後半の創建と伝えられる由緒ある神社の前で、これからの小さな旅の安全を祈願した。

榛名川源流

奥入瀬《おいらせ》のような流れに見とれて

榛名川源流を遡上する「榛名湖への道」は、参道途中のみやげ物屋の脇から始まる。「関東ふれあいの道」の道標があるので、分かりやすい。

坂道を下り始めると、次第に渓流の音が大きくなり、やがて滑るように流れる清らかな川面と出合う。先ほど眺めた瓶子の滝を今度は下から見上げながら、いくつもの小滝をめぐると、巨大な砂防堰《えん》堤《てい》に出た。堰堤の向こうには、ジグザグと奇妙な形をなす九折《つづら》岩が見える。

堰堤を左に回り込んで上がると、分岐に出た。右「天目山」とある。この辺りは、川の流れもゆるやかで、浅瀬から顔を出した岩が苔むしていて、さながら奥入瀬渓谷を歩いているよう。ついつい立ち止まって、流れに見とれてしまう。

道は川から離れて山へ入ったり、また川辺へ下りたりを繰り返す。が、つねに川音が聞こえている。沢には木橋がかかり、急な斜面にはロープが設けられているなど、整備されていて快適な歩きが楽しめる。

歩き出して約30分、2つ目の分岐に出た。直進「榛名神社裏バス停」、右「天神峠」とある。ベンチで休憩をとっていると、コツンと頭にドングリが落ちてきた。まだ暑い日が続いているが、森はすっかり秋の気配である。

榛名湖と榛名富士

勇壮な滝がフィナーレを飾る

　分岐から右へ下ると、道はまた川沿いを行く。やがてコース最大の滝「常滑《とこなめ》の滝」に出た。赤茶けた巨大な岩盤の上を、弧を描きながら滑り落ちる美しい滝である。すだれのように、いく筋にも分かれる水が、また滝つぼで一つに集まり、帯のように流れていく。

　ここからは、急な登りがつづく。いくつも沢を渡るが、一カ所だけ崩落により道が消えている所があるので、注意が必要だ。張られたロープの内側を慎重に渡り、難なく通過した。

　長い登り坂に息を切らしていると、次第に水音が大きくなり、コース最後の滝が顔を現した。巨岩の間を二股に分かれて流れ落ちる勇壮な滝だ。名前がないのが残念だが、フィナーレを飾るのにふさわしい滝である。

　ここからは、ひと登りで天神峠に出た。車道を渡り分岐を左に下りること約10分で、竹久夢二アトリエや「湖畔の宿」記念公園のある榛名湖畔に着いた。榛名神社から約1時間30分の歩行だった。

　湖畔の渕に腰掛け、榛名富士を眺めながら昼食にした。平日の昼、釣り舟が浮かぶだけの静かな湖。なんとも贅沢で優雅なランチタイムとなった。

　さて、食後は湖畔を半周歩いて、対岸の榛名湖温泉を訪ねることにしよう。湖を望む展望風呂が楽しみだ。帰りのバス停が、目の前にあるのもありがたい。また、ついつい湯上がりのビールを飲み過ぎてしまいそうである。

榛名湖温泉

人知れず幽谷で曲線美を描く孤高の滝

26 十丈《じゅうじょう》の滝

落差18m ● 高崎市倉渕町

道端の道祖神

途中まで看板も道標もないため、行き着くのはかなり難しい。それだけに滝を眼前にしたときの感動は、ひとしおだ。黒々と光る岩盤を、ジグザグに曲がりながら落ちる美しいフォルムは、眺める者を魅了する。

せせらぎの音を聴きながら行く

水紀行の小さな旅は、今回も「高崎駅」から始まる。西口3番のりばより、室田行きの群馬バスに乗り込んだ。ぐるりんバスの方が目的地の近くまで行けるのだが、始発が9時過ぎと遅いため、やむなくの手段である。終点の「榛名営業所」で乗り換え、「十一屋前」のバス停で下車。国道から烏川を渡り、県道を横切り、そのまま坂道を上り出す。

「福祉総合センター」または「せせらぎ公園」の標識が目印となる。坂の途中の天満宮にお参りをして、いざ出発である。これより相間川沿いをひたすら歩くことになる。やがて左手眼下に、センターの建物と公園が見えた。車で訪ねる人は、ここに置いて歩き出すといいかもしれない。

いくつもの滝と出合う

センターを過ぎると人家はなくなり、未舗装の林道が始まる。杉の木立ちが日の光を遮ってくれ、実に歩きやすい。が、道はかなりの悪路である。滝の入り口まで車でも行けるようだが、車高の高い四駆車でないと厳しいかもしれない。片側は崖、ガードレールもない、車1台がやっと通れる道幅である。やはり、徒歩が賢明だろう。

約1時間半歩いたところで、岩肌からコンコンと湧き出る清水を発見！　両手ですくってゴクゴクと何杯も飲み干す。ひと息ついたら、汗も引いていった。

橋を渡ると別世界が待っていた

1つ目の橋が現れた。相間川を左岸から右岸へ渡ると、景色は一層山深くなり、渓流には巨石が多くなった。時折、コバルトブルーの流れのなかに魚影を見かける。頭上高く夏の太陽が照りつけているが、V字谷の底は川風に吹かれていて快適な歩きが楽しめる。

2つ目の橋を渡ると、そこからは別世界が待っていた。苔むした岩々が川面に顔を出す本流へ、右から左からといくつもの枝沢が入り込み、それぞれが名もない滝となり流れ落ちている。水量の少ない雨垂れのような滝もあれば、二段の滝、三段の滝もある。と思えば、優に20m以上はありそうな壮大な滝まで現れる。その数は、なんと10以上もあった。まさに、ここは群馬の「奥入瀬《おいらせ》渓谷」である。でも、一つとして案内板は立っていない。いやいや、目指そうとしている「十丈の滝」の道標すら、まだ一度も見ていないのだ。たぶん、今までに多くの人が滝にたどり着けずに引き返したことだろう。僕も少々、不安になってきた。

3つ目の橋の先で二股に分かれるが、そのまま道なりに右手の道を行く。上空に走る送電線を目印に進むと、やがて道の端に車が2〜3台駐車できるスペースがあり、『十丈の滝　入口』と書かれた小さな看板が立っていた。バス停からここまで徒行約2時間半、初めて見る道標である。

川を渡り岩を越える

独特のフォルムを描く姿に圧倒

ここから沢に下りる。川を渡り、崖を登り、岩をはい上がる。軍手と滑り止めの付いた靴は必携である。相変わらず道標はないが、所々、石にペンキで黄色い丸が書かれているので、迷うことはない。とにかく上流を目指せばいいのだ。川の右へ左へと石を頼りに渡ること約20分、突然、視界に滝が現れた。

落差は、さほど高く感じられないが、その独特のフォルムに圧倒される。黒光りする岩盤の間をぬって、Z字型にジグザグと曲がりながら落ちる滝は珍しい。暗闇に走る白い稲妻のようにも見えるし、天に昇る白竜の姿にも映る。ただただ、美しいのひと言だ。3時間近い道のりを歩くだけの価値が十分にある滝である。

滝つぼで昼食を済ませ、復路をたどった。帰りは、ただひたすらに下り坂である。人知れず幽谷に落ちる孤高の滝に出合えた喜びからか、心なしか足取りも軽い。約2時間で総合福祉センターのある、せせらぎ公園に着いた。

もう少し足を延ばして、相間川温泉ふれあい館に寄って汗を流すことにした。ここからなら高崎駅まで、ぐるりんバス1本で帰れる。最終バスの時刻まで、のんびり湯上がりのビールを楽しんだ。

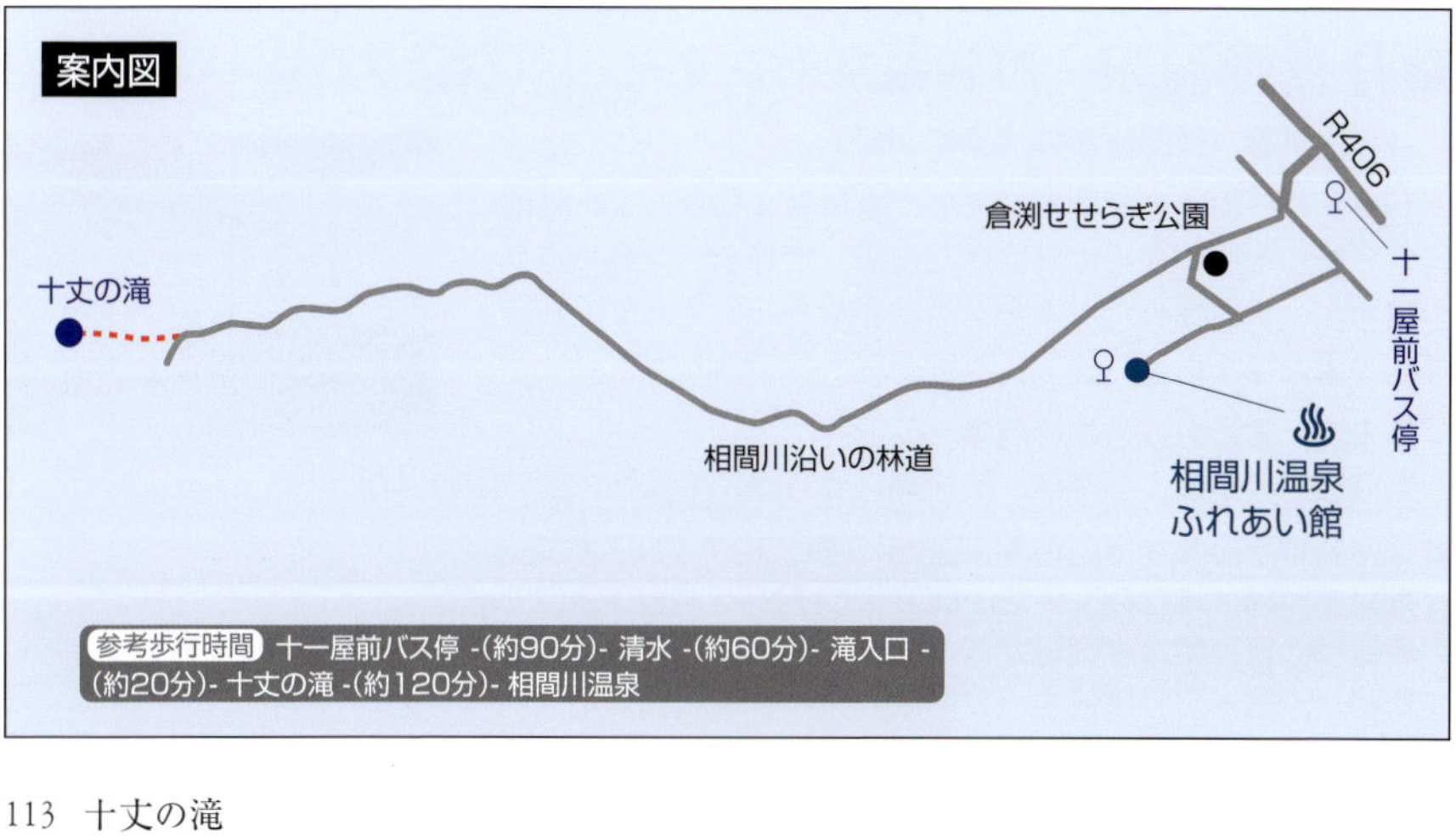

参考歩行時間 十一屋前バス停 -(約90分)- 清水 -(約60分)- 滝入口 -(約20分)- 十丈の滝 -(約120分)- 相間川温泉

温泉&入浴施設

●月夜野温泉　町営温泉センター「三峰の湯」

ＪＲ上越線、後閑駅から徒歩約35分。

1991年に、旧月夜野町が町民の健康増進と福祉向上を目的に、三峰山中腹の森の中に設けた施設。素朴なプレハブ造りの建物が、歩き疲れたハイキング客をやさしく迎えてくれる。酒類の販売はないが、持ち込み可。

■泉質／アルカリ性単純温泉
■効能／神経痛、筋肉痛、関節痛、うちみ、冷え性、疲労回復ほか

群馬県利根郡みなかみ町後閑2265　TEL.0278-62-1022
■営業時間／ 10:00 ～ 20:00 （11月～2月は19:00 まで）
■定 休 日／第３水曜日定休
■料　　金／町外居住者（２時間） 大人 350円　小人 150円

●上牧温泉 「風和の湯」

ＪＲ上越線、上牧駅から徒歩約３分。

大観光地、水上温泉の近くにありながら、俗化されずに昔ながらの温泉情緒を残す上牧温泉。泉質は旧温泉名を芒硝泉《ぼうしょうせん》といい、昔から「化粧の湯」と呼ばれる名湯。川風に吹かれる露天風呂が爽快だ。

■**泉質**／カルシウム・ナトリウム−硫酸塩・塩化物温泉
■**効能**／神経痛、リウマチ、五十肩、運動まひ、慢性皮膚病ほか

群馬県利根郡みなかみ町上牧1996-7　TEL.0278-72-1526
■**営業時間**／ 10:00 ～ 20:00　■**定 休 日**／年中無休
■**料　　金**／２時間　大人 550円　小人 300円　※70歳以上 350円

●水上温泉 「ふれあい交流館」

ＪＲ上越線、水上駅から徒歩約20分。

温泉街に平成16年にオープンした日帰り入浴施設。地元客、観光客のほか、ハイカーやスキーヤーなども、列車待ちの間に汗を流しにやってくる。こじんまりした浴室が、昭和の銭湯風で落ちつく。玄関先には足湯がある。

■**泉質**／カルシウム・ナトリウム−硫酸塩・塩化物温泉
■**効能**／神経痛、筋肉痛、関節痛、うちみ、くじき、冷え性ほか

群馬県利根郡みなかみ町湯原801　TEL.0278-72-8885
■**営業時間**／ 10:00 ～ 21:00（最終受付は20:30）
■**定 休 日**／第１・３火曜日（祝日の場合は翌週）
■**料　　金**／町外居住者　大人 550円　中学生 300円　小学生 250円

●小野上温泉 「さちのゆ」

ＪＲ吾妻線、小野上温泉駅から徒歩約２分。

かつては塩川鉱泉といい、傷に効く薬湯として知られていた。昭和53年に旧小野上村営温泉センターとしてオープン。その後、毎分500リットルの豊富な新源泉を掘り当て、平成21年にリニューアルした。「美人の湯」と呼ばれている。

■**泉質**／ナトリウム−塩化物温泉
■**効能**／神経痛、筋肉痛、関節痛、婦人病、運動まひ、冷え性ほか

群馬県渋川市村上305-2　TEL.0279-59-2611
■**営業時間**／ 9:00 ～ 21:00　■**定 休 日**／毎月20日（土・日・祝日の場合は前日）
■**料　　金**／２時間　大人 400円　小学生 250円　小学生以下 無料

●四万温泉 「共同湯」

上の湯

ＪＲ吾妻線、中之条駅から四万温泉行きバスで約40分。

「四万の病を治す」ことから、その名が付いたといわれる四万温泉は、湯の優れた効能や自然環境が認められ、国民保養温泉地の第１号に指定された名湯。湯量が豊富で、温泉街には有料・無料の共同湯が５つある。

■泉質／ナトリウム・カルシウム−塩化物・硫酸塩温泉ほか
■効能／神経痛、筋肉痛、婦人病、慢性消化器病、更年期障害ほか

群馬県吾妻郡中之条町四万温泉
TEL.0279-64-2321（四万温泉協会）

※こしきの湯は12/1 ～ 3/31まで
冬期閉鎖

御夢想の湯

河原の湯

●草津温泉 「共同浴場」

白旗の湯

ＪＲ吾妻線、長野原草津口駅から
草津温泉行きバスで約25分。

宿泊施設、集客数、源泉数とも、全国トップレベルの日本の名湯。なかでも自然湧出する湯量は毎分３万2300リットルと日本一を誇っている。町の中には一部、観光客も利用できる共同浴場と有料の日帰り入浴施設がある。

■泉質／酸性・含硫黄−アルミニウム−硫酸塩・塩化物温泉ほか
■効能／慢性皮膚病、慢性婦人病、神経痛、切り傷ほか

群馬県吾妻郡草津町草津　TEL.0279-88-0800（草津温泉観光協会）

●高崎観音山温泉「錦山荘」

ＪＲ高崎線、高崎駅よりバスで約20分「洞窟観音入口」下車。徒歩約10分。

高崎市のシンボル、白衣大観音のすぐ真下。自然豊かな観音山丘陵のなかに、静かにたたずむ一軒宿。昔ながらの丸太を組んだ、いで湯風の浴室からは高崎市街地が一望に広がる。おっきりこみなどの郷土料理が自慢。

■泉質／メタけい酸含有
■効能／腰痛、疲労回復、健康増進ほか

群馬県高崎市石原町2892　TEL.027-322-2916
■営業時間／ 10:00 ～ 21:00
■定 休 日／無休
■料　　金／３時間　大人 650円　小人 325円
■宿　　泊／１泊2食 9,600円～（平日３人以上料金）

●相《あい》間《ま》川《がわ》温泉「ふれあい館」

ＪＲ高崎線、高崎駅からバスで室田車庫経由（乗り換え要）「ふれあい館前」下車。（約90分）

塩分濃度が高く、鉄分を多く含んだ自慢の天然温泉。特に開放感が味わえる露天風呂「金泉」はお勧め。多種多様な効能があるので、リピーター客がとても多い。

■泉質／ナトリウム・カルシウム－塩化物強塩温泉
■効能／消化器病、皮膚病、神経痛、筋肉痛、婦人病ほか

群馬県高崎市倉渕町水沼27　TEL.027-378-3834
■営業時間／ 10:30 ～ 21:00
■定 休 日／第2・4火曜日
■料　　金／市外居住者（3時間）
　大人 500円 小人 250円
■宿　　泊／１泊2食 6,975円～（市外居住者）

●碓氷峠の森公園交流館「峠の湯」

ＪＲ信越本線、横川駅から徒歩約40分。

横川駅からめがね橋を結ぶ遊歩道「アプトの道」のほぼ真ん中にある日帰り温泉施設。周辺には、碓氷峠鉄道文化むらや碓氷関所跡、碓氷湖など散策の見どころが多い。露天風呂から眺める妙義山も絶景。

■泉質／ナトリウム－炭酸水素塩・塩化物温泉
■効能／神経痛、筋肉痛、運動まひ、うちみ、
　慢性消化器病ほか

群馬県安中市松井田町坂本1222　TEL.027-380-4000
■営業時間／ 10:00 ～ 21:00
■定 休 日／第2・4火曜日（祝日の場合は翌日）
■料　　金／3時間　大人 500円　小人 400円

●富士見温泉「見晴らしの湯 ふれあい館」

ＪＲ両毛線、前橋駅からバスで約30分「富士見温泉」下車。

赤城山の中腹、標高350メートルの広大な敷地に建つ温泉入浴施設。前橋市街地を見下ろす露天風呂からの眺望が良く、特に夜景が素晴らしい。レストランは地元の食材を使った料理やメニューが充実している。

■泉質／ナトリウム・カルシウム－塩化物温泉
■効能／関節痛、五十肩、運動まひ、うちみ、外傷、
　消化器病ほか

群馬県前橋市富士見町石井1569-1　TEL.027-230-5555
■営業時間／ 10:00 ～ 21:00
■定 休 日／第1・3木曜日（祝日の場合は営業）
■料　　金／3時間（土日祝日）大人 500円　小人 250円　※平日は終日料金

●みどり市温泉「かたくりの湯」

ＪＲ両毛線、岩宿駅から徒歩約15分。

岩宿遺跡や岩宿博物館がある公園のなかにある市営の施設。裏山にカタクリの群生地があり、温泉の湯花が白く片栗粉に似ていることから「かたくりの湯」と名づけられた。食堂はないが、食べ物の持ち込み自由。

■泉質／ナトリウム－硫酸塩温泉
■効能／神経痛、筋肉痛、関節痛、五十肩、運動まひ、動脈硬化症ほか

群馬県みどり市笠懸町鹿250　TEL.0277-76-1126
■営業時間／ 10:00 ～ 21:00 （11月～4月は 20:00まで）
■定 休 日／月曜日（祝日は営業）
■料　　金／市外居住者（2時間） 大人 500円　小人・老人 300円

●地蔵の湯「東葉館」

ＪＲ両毛線、小俣駅から徒歩約20分。マイクロ送迎あり。

明治末期創業の老舗旅館。鉄分の多い赤褐色の温泉が、庭内に湧出する。湯の歴史はさらに古く、その昔は隣地の寺院の所有だったという。露天を含め４つの浴槽が楽しめる。市街地から近く交通の便が良い。

■泉質／メタけい酸含有の冷鉱泉
■効能／神経痛、腰痛、関節痛、冷え性、貧血、皮膚病ほか

栃木県足利市葉鹿町1981　TEL.0284-62-0136
■営業時間／ 10:00 ～ 22:00　■定 休 日／無休
■料　　金／大人 700円　小人 400円

●猿川温泉 水沼駅温泉センター「すっぴん美人の湯」

わたらせ渓谷鐵道、水沼駅下車。徒歩0分。

全国で珍しい駅構内にある温泉施設。湯は近くから猿川温泉を引き湯している。塩分を含む無色透明の湯が、体を温めてくれる。電車が到着前に館内アナウンスがある。

■泉質／ナトリウム・カルシウム－塩化物泉・炭酸水素塩冷鉱泉
■効能／神経痛、五十肩、うちみ、慢性消化器病、冷え性、高血圧、動脈硬化病、病後回復期ほか

群馬県桐生市黒保根町水沼120-1　TEL.0277-96-2500
■営業時間／ 11:00 ～ 20:00 （季節により営業時間が異なります。要確認）
■入 館 料／大人 600円　小人（3 ～ 12歳） 400円　身体障害者 400円
　　　　　わ鐵フリー切符・20人以上 2割引
■定 休 日／毎月15日（土･日･祝日の場合は翌日。5月･ 8月･10月･11月は休みなし）

●鮎川温泉「金井の湯」

ＪＲ八高線、群馬藤岡駅からバスで約30分「金井郵便局前」下車。徒歩約20分。

藤岡市の郊外、鮎川沿いに建つ日帰り入浴施設。地下400メートルから湧く温泉は、6500万年前の化石海水。それゆえ塩分が強い。露天風呂のほか、座湯、でんき風呂、打たせ湯など、さまざまな風呂が楽しめる。

■泉質／ナトリウムー塩化物強塩温泉
■効能／神経痛、筋肉痛、関節痛、五十肩、運動まひ、慢性消化器病ほか

群馬県藤岡市金井627　TEL.0274-40-8888
■営業時間／ 9:00 ～ 23:00
■定 休 日／無休
■料　　金／４時間　大人 700円　小人 450円

●神流川温泉「白寿の湯」

バスでＪＲ高崎線･本庄駅から約40分、ＪＲ八高線･丹荘駅から約20分｡「下渡瀬」下車。すぐ前。

地下750メートルの古世層から湧出する濃厚な食塩泉。茶褐色ににごった湯は、三波石の床石を変色させ、温泉成分が千枚田のように堆積している。この特色のある湯をめあてに、全国から温泉通がやってくる。

■泉質／ナトリウムー塩化物強温泉
■効能／神経痛、筋肉痛、運動まひ、冷え性、慢性消化器病ほか

埼玉県児玉郡神川町渡瀬337-1　TEL.0274-52-3771
■営業時間／ 10:00 ～ 23:00　■定 休 日／無休
■料　　金／大人 700円　小人 400円
（平日21:00 ～ 大人 390円 小人 200円）

●桜山温泉「桜山温泉センター」

ＪＲ八高線、群馬藤岡駅からバスで約20分「桜山温泉センター前」下車。徒歩約５分。

コンクリートと木が調和した山小屋風の建物が、国道から少し離れた高台に建つ。源泉名を「宇塩の湯」といい、古くからこの地に自噴していた。ナトリウム、カルシウムイオンを多く含み、美肌効果が高いといわれている。

■泉質／ナトリウム・カルシウムー塩化物・炭酸水素塩泉
■効能／神経痛、筋肉痛、関節痛、冷え性、切り傷、疲労回復ほか

群馬県藤岡市浄法寺456-5　TEL.0274-52-6226
■営業時間／ 10:00 ～ 21:00
■定 休 日／第３水曜日（祝日の場合は翌日）
■料　　金／３時間　大人 600円　小人 400円

●「牛伏ドリームセンター」

上信電鉄、吉井駅からバスで約10分「牛伏ドリームセンター」下車。

牛伏山のふもとにある、入浴も宿泊もできる市営の保養施設。隣接の清掃工場でゴミを焼却する際に出る熱を利用して湯を沸かしている。開放的な露天風呂からの眺めは抜群。バスの便が良いので牛伏山・八束山登山に最適。

■温泉ではありません。

群馬県高崎市吉井町多比良4373-1　TEL.027-387-9111
■営業時間／10:00 ～ 17:00　■定 休 日／毎月25日（土･日･祝日の場合は次の平日）
■料　　金／市外居住者　大人 600円　小人 300円
■宿　　泊／市外居住者　1泊2食　大人 7,350円　小人 6,300円

●甘楽温泉「かんらの湯」

上信電鉄、上州福島駅から車で約5分。

文化会館、陸上競技場などが隣接する「甘楽ふれあいの丘」の一角に造られた総合福祉センター。大浴場の真ん中にある八角形の浴槽が源泉を使用している。その他、露天風呂・打たせ・寝湯・ジェットバスなどがある。

■泉質／ナトリウムー塩化物強冷鉱泉
■効能／神経痛、筋肉痛、肩こり、婦人病、慢性消化器病ほか

群馬県甘楽郡甘楽町白倉1395-1　0274-74-5700
■営業時間／10:00 ～ 19:00
■定 休 日／月曜日
■料　　金／大人 600円　小中学生 400円

●しんとう温泉「ふれあい館」

ＪＲ高崎線、高崎駅からバスで約50分またはＪＲ両毛線、前橋駅からバスで約40分「しんとう温泉ふれあい館」下車。

榛名山のふもと、豊かな自然に囲まれた村営の入浴施設。内風呂は黒石材の浴槽のほか、泡風呂、寝湯、打たせ湯があり、日本庭園付きの露天風呂からは、上州の山々を見渡す。敷地内にはグランドゴルフ16コースがある。

■泉質／ナトリウム・カルシウムー塩化物泉
■効能／神経痛、筋肉痛、うちみ、くじき、やけど、皮膚病ほか

群馬県北群馬郡榛東村新井507-3　TEL.0279-54-1126
■営業時間／10:00 ～ 21:00　■定 休 日／第2・4月曜日（祭日の場合翌火曜）
■料　　金／2時間　大人 300円　小人 200円・3時間　大人 500円　小人 300円

●榛名湖温泉「レークサイドゆうすげ」

ＪＲ高崎線、高崎駅からバスで約90分「榛名湖前」下車。徒歩約30分。

榛名湖を一望する大展望風呂が素晴らしい。黄褐色の濃厚な源泉が、惜しみなくかけ流されている。湯につかりながら眺めるパノラマは、四季折々の色を映し出す。宿泊客は湯と環境を求める湯治目的の長期滞在者が多い。

■**泉質**／ナトリウム・マグネシウム・カルシウムー塩化物・硫酸塩温泉
■**効能**／神経痛、筋肉痛、関節痛、五十肩、うちみ、慢性消化器病ほか

群馬県高崎市榛名湖町845-1　TEL.027-374-9131

■**営業時間**／ 10:00 ～ 19:00
■**定 休 日**／無休
■**料　　金**／2時間　大人 400円　小人 200円
■**宿　　泊**／1泊2食 7,185円～

あとがき

「里山」という響きに、そこはかとない憧れを抱いている。

登山と呼ぶには大げさで、散歩よりは歩きがいがあり、ちょうどハイキングとウォーキングの中間くらいの距離感と疲労感と満足感を得られるのが、里山歩きの魅力だ。なんとも、スローライフ的な〝なごみ〟モードで歩ける気楽さがいいのである。

物心がついた頃から、山を歩いていた記憶がある。それは父が「日本野鳥の会」の会員だったことも大きく関係しているような気がする。

今はもうない、生家の廊下には、つねにリュックが掛かっていた。休日の朝、晴れていれば、山がその日の小暮家の遊び場となった。上毛三山はもとより、谷川岳や草津白根山などの高山から、小沢岳や荒船山などの西上州の山々へと、にぎり飯と水筒を持って毎週のように出かけていた。

この金のかからない遊びは、大人になって、自分が家族を持ってからも続けられた。我が家の子どもたちは、3歳になれば〝山デビュー〟をさせた。毎週毎週、休日になれば「母さん、にぎり飯作ってくれ」を合言葉に、その日の予定は山遊びと決まった。特に長男とは、男同士ということもあり、2人して登ることが多かった。赤城山と榛名山の全峰を制覇したことは、息子が大きくなった今でも、大切な親子の思い出として残っている。

依然、健康ブームも手伝って、山歩きは中高年世代に人気のレジャーとして定着している。近年は〝山ガール〟と呼ばれる、カラフルな服装を身にまとった若い女性たちも多く見かけるようになった。一方で、社会問題にもなっているのが、山を軽視した中高年ハイカーらの遭難事故の多発である。登山は楽しいが、反面、危険を伴うレジャーだということも忘れてはならない事実である。

子どもの頃より群馬の山と自然を愛してきた僕は、我が子の成長と我が身の老化とともに、山の楽しみ方も変化していった。もっと楽に、もっと気楽に、そして自由に、里を歩くように山を歩いてみたくなったのである。さらに欲くあらば、温泉にも入りたいし、湯上がりのビールも味わいたいと考えるようになった。

そんな折り、高崎市のフリーペーパー『ちいきしんぶん』（発行／ライフケア群栄）より、エッセー連載の話があった。偶然にも担当編集者の吉田勝紀氏が山好きで、おまけに酒好きということもあり、その場で意気投合し、このシリーズの運びとなった。吉田氏がカメラマンとして同行を買って出てくれたシリーズの連載は、秋・冬は「里山をゆく」、春・夏は「ぶらり水紀行」とタイトルを替え、4年にわたり連載された。

聞けば、今年は『ちいきしんぶん』が創刊25周年を迎えた記念すべき年なのだという。長年、僕もタウン誌の編集に携わってきたので、いかに雑誌の発行を続けることが大変なことかは、身にしみるほど分かっている（僕は過去に2つの雑誌を廃刊させた）。

そんな『ちいきしんぶん』の歴史の節目となる年に、連載されたシリーズが、このような本として出版されることを大変幸せに思う。

最後になりましたが、長年にわたるエッセー連載と出版化へご理解をいただいたライフケア群栄㈱代表取締役の有田邦夫氏に厚く御礼申し上げます。また本書を出版するにあたり、上毛新聞社事業局出版部長の富澤隆夫氏に多大なご尽力をいただきました。併せて感謝いたします。

２０１０年11月

小暮　淳

小暮　淳（こぐれ・じゅん）
1958年、群馬県前橋市生まれ。群馬県内のタウン誌、生活情報誌、フリーペーパー等の編集長を経て、現在はフリーライター。趣味は自然散策と温泉めぐり。父親が「日本野鳥の会」会員だったこともあり、子供の頃から休日は決まって山歩きを楽しんでいた。大人になってからは、いつでも酒を飲めるようにと、公共交通機関での山行を心がけている。
著書に『上毛カルテ』『ぐんまの源泉一軒宿』『群馬の小さな温泉』（以上、上毛新聞社）、『ヨー！サイゴン』（でくの房）など。

［ 協力 ］
「ちいきしんぶん」（ライフケア群栄株式会社）

［ 制作 ］
取材・文　　小暮　淳
撮影　　吉田勝紀（ライフケア群栄株式会社）
イラスト　　飯塚裕子

電車とバスで行く
ぐんまの里山てくてく歩き

2011年１月21日　初版１刷
2012年４月29日　初版２刷

発　行　上毛新聞社事業局出版部
〒371-8666 群馬県前橋市古市町1-50-21
TEL 027-254-9966
印　刷　株式会社 プラルト
〒399-0033 長野県松本市大字笹賀5985

ISBN978-4-86352-038-7

※本書のデータは2012年３月現在のものです。